我们需要做的并不是什么特别的事情，只是作为人类，开始更加系统地关注事物，清醒地认识事物的本来面目，并以正直、智慧、关心和关爱行事。

通过每日的正念培育，与你的念头、你的生活和世界友好相处，作为对当下、对生命本身，以及对持续的学习和成长、疗愈和转化的爱恋，这很可能是培养具身体现的觉醒和智慧的基本要素。

如果我们做好这一点，并愿意完全安住于当下，其他一切都会随之而来。

Mindfulness for All

The Wisdom to Transform
the World

正念之道

疗愈受苦的心

〔美〕**乔恩·卡巴金** 著

（ Jon Kabat-Zinn ）

张戈卉

汪苏苏 译

机械工业出版社

CHINA MACHINE PRESS

本书中文简体字版由 Hachette Books, an imprint of Perseus Books, LLC, a Subsidiary of Hachette Book Group, Inc., New York, New York, USA. 授权机械工业出版社在中国大陆地区（不包括香港、澳门特别行政区及台湾地区）独家出版发行。未经出版者书面许可，不得以任何方式抄袭、复制或节录本书中的任何部分。

北京市版权局著作权合同登记　图字：01-2023-1490 号。

图书在版编目（CIP）数据

正念之道：疗愈受苦的心 / （美）乔恩·卡巴金（Jon Kabat-Zinn）著；张戈卉，汪苏苏译.—北京：机械工业出版社，2023.10

书名原文：Mindfulness for All: The Wisdom to Transform the World

ISBN 978-7-111-73977-7

Ⅰ.①正… Ⅱ.①乔… ②张… ③汪… Ⅲ.①心理学—研究 Ⅳ.① B84

中国国家版本馆 CIP 数据核字（2023）第 209397 号

机械工业出版社（北京市百万庄大街22号　邮政编码100037）
策划编辑：欧阳智　　　　　　　责任编辑：欧阳智
责任校对：王乐廷　李　婷　　　责任印制：张　博
北京联兴盛业印刷股份有限公司印刷
2024年4月第1版第1次印刷
130mm × 185mm · 6.5印张 · 2插页 · 113千字
标准书号：ISBN 978-7-111-73977-7
定价：59.00元

电话服务　　　　　　　　　　　网络服务
客服电话：010-88361066　　　机 工 官 网：www.cmpbook.com
　　　　　010-88379833　　　机 工 官 博：weibo.com/cmp1952
　　　　　010-68326294　　　金 书 网：www.golden-book.com
封底无防伪标均为盗版　　　机工教育服务网：www.cmpedu.com

人人都来练习正念!

这是个不可思议的想法。

但说实话,为什么不呢?尤其在当下,当我们作为个人和群体,在内心和外在,承受着诸多不同的压力而不堪重负的时候。

而说到用这种智慧来改变世界,倒也并非夸大其词。这种智慧具有广泛存在的潜质,就像我希望在这里说明的——它存在于我们每个人心里,微如星火,但绝非微不足道。这种智慧可以通过规模或大或小的正念练习得到培育。在过去的40多年里,我有幸见证这种智慧在许多不同的领域里萌芽和繁盛。如今,这种方兴未艾的智慧得以在全世界传播,越来越有力量,也越来越成为一种迫切的需求。

冥想觉知的革命性引入

如果不断地加深对自身的了解，从而更好地栖身于这个我们自称为"智人"[⊖]的躯体之中是人类进化历程的一部分，如果避免自我毁灭，或者避免在我们已经制造的无尽痛苦之外创造噩梦般的反乌托邦是人类进化历程的一部分，那么我们需要在一个全新的层面对自己、对我们的大脑、对我们的社会和我们的星球承担起责任。否则，倘若历史能够预言未来，我们所有人都可能毫无觉察地以作为或不作为的方式、以开始不起眼而后积重难返的方式共同筑起一个极不健康、极为有害的世界——没有人会乐意居住。而这可能只是对21世纪的一种较为温和的描述。我们正在越来越多地看到人类普遍焦虑不安。在这样的危机面前，无论是个体还是群体，都越来越难以对此视而不见。

因此，人人都来练习正念，并在为人处世和兼济天下的过程中培育更大的智慧，绝非哗众取宠或一厢情愿。实际上，它可能是一个（即使不是唯一的一个）能够让我们人类作为一个物种维持当前及长期的生存、健康和持续发展的核心元素。然而，要应对这个巨大的挑战，我这里所说的正念，必须真正地孕育在一个共同的、培育智慧和仁

⊖ 智人（Homo sapiens）：能够觉知，而且知道他们在觉知的物种。sapiens源自拉丁文sapere，意指品尝或者了解（见《正念地活：拥抱当下的力量》）

慈心的框架里。我所说的正念，是在这个星球上有着悠久历史的一种洞悉之道、一种存在之道。当它以多元的路径逐渐进入各自不同的社会和文化主流的时候，它展现了相当大的冲击力。当然，我所提倡的这个路径必须同时在各个层面都根植于符合伦理的、具身体现的、切实践行的以及本质上无私的智慧和行为之中，并被它们护持着。我们可以将正念看成人类智慧传统的一个分支。它的精髓是普遍适用的，可以在所有的人类文化和传统中以这样或者那样的方式来表达。

在我看来，正念冥想在个人生活和职场中日趋广泛的使用和实践，以及我们应对这个世界时有意识地、每时每刻地对正念的运用，可能会为这个星球上高度多元的人群、文化和愿景打下真正幸福、和平和澄明的根基。正念不仅会对我们个人，也会对地球上的人类社区有所助益。正念所具有的颠覆式的潜能应该被实现——在目前人类发展的这个转折点上，在我们最近才意识到的、比我们想象中脆弱得多的这个星球上，以无限的、富有创造力的方式被真正地实现，我认为是毫无疑问的。

作为近年来正念的影响力被主流社会广为接受的众多事例之一，历史学家尤瓦尔·赫拉利在他的《今日简史：人类命运大议题》中的最后一章，写的就是正念。他在其中提到，自从参加了2000年的一次十日静修后，他就开始每天冥想，另外每年参加一到两个月长时间的强化止语静修（在这段时间里既没有书籍，也没有社交媒体）。这件事情本身就说明了很多问题。在为我们带来两本备受欢迎的、深刻而又富有启发性和洞察力的、描述人类历史⊖和我们作为一个物种即将面临的挑战⊜（其中有些挑战相当可怕）的大部头后，赫拉利的这一专著，同样也是一本畅销书，将所有的学术探询提炼成当前需要的21章内容。我发现其中尤其发人深省而且令人欣喜的是，在那些为了揭示现在所面临的重大挑战而被他巧妙地编织在一起的人类历史的诸多思路中，他特别选择了自己在生活中严格修习的正念练习，并将正念视作一种虽不大可能实现但可能至关重要、值得培育的素质，作为一个物种，人类将要如履薄冰地面对那些以大量发人深省的细节所描绘的信息技术和生物技术带来的新型挑战。

比尔·盖茨把他在2018年9月9日《纽约时报》上给《今日简史：人类命运大议题》所写的书评命名为"大思

⊖ 《人类简史：从动物到上帝》（*Sapiens: A Brief History of Humankind*），本书已在中信出版社出版。
⊜ 《未来简史：从智人到智神》（*Homo Deus: A Brief History of Tomorrow*），本书已在中信出版社出版。

维"[一]。因为，作为一名历史学家，赫拉利也是一位极其深刻而富有创造力的思想家和思维整合者。在这篇文章中，比尔·盖茨问道：

> 在赫拉利看来，我们应该怎样应对所有的这一切（比如，赫拉利列举的那些我们人类作为一个物种在当下面临的重大挑战）？一些实用的建议贯穿全书，包括对抗恐怖主义的三管齐下战略以及应对假新闻的一些诀窍。然而，他最伟大的思考可以总结为一个词——冥想。当然，他并不是说，只要有够多的人坐在莲花座上，念吟"唵"（om），这个世界的问题就都消失了。但是，他确实坚持认为，21世纪的生活亟须正念——更好地了解自己，看清我们如何制造了自己生活中的痛苦。这种想法很容易招致嘲笑，然而，作为一个上过正念和冥想课程的人来说，我认为，这很有吸引力。

这是一个相当了不起的结论，特别是出自比尔·盖茨。很明显，他深谙内在正念的力量。

[一] 具有讽刺意味的是，该书里的正念要比思维重要得多，并且与之正交。明显地，觉知和思维绝对不是互不相容的。如果理解正确的话，二者实际上是可以高度互补和助益彼此的。在这个语境里，正交（orthogonal）意味着正念或觉知是一个单独的领域或维度，正交与思维相关的同时能够提供一个高屋建瓴的视角来抱持所有的思考。见《正念疗愈的力量》的"正交现实：在意识上的旋转"和"正交制度"两章，更多地了解正交。

*

这就是我在这本书里希望传达的基本信息：当面对赫拉利笔下细致描绘的、已初露端倪的种种情形，比如人工智能、智能机器人、数码"强化"人或者同时是生物人的数码"强化"人以及其他更多智能人形式的出现，我们在放弃"为人"（being human）之前最好细致、深入地探讨一下——更好地具身体现"一个完整的人"以及作为一个完整的人来说，更多的觉醒到底意味着什么，到底是什么样的体验。在这本书和整个系列的四本书中，这既是呼吁，也是提出的挑战。这是在邀请你以非常个人的方式参与进来，因为我们每个人不仅对自己，还对这个世界有修身养性且兼济天下的责任——通过规律地培育正念作为一种冥想训练和一种存在方式，尽可能地意识到"存在"的各个维度，并且安住于此时此刻。

因为我这里所说的共同的、以正念冥想为基础的元素广泛地存在于各种人类文化中，它在本质上是包容的——能够消除种种交流的障碍，找到共同的目标，而不是增加分歧。这里不存在所谓每个人都必须接受的培育正念的唯一"正确"的方法、教条或信仰。而且，这种正在萌芽的智慧观念通过我们和我们选择的生活，以及我们面对挑战与机遇的方式在不断地进化着。它映射出我们人类的多元性以及人类共性中最深刻和最美好的品质。

与身心为友：一个普遍适用的冥想练习

当然，我们所说的这种智慧必须根植于持续的培育之中，这意味着，它必须依赖能够滋养、维持和深化这种智慧的实践。脱离生活的正念不是正念，正念意味着具身体现。我们这些秉持这种理念的人在尽可能地照此践行着正念——不是将它当作一种完美的境界，而是作为一种进行中的、持续发展的存在方式。

为什么呢？

因为正念不仅仅是一个好的想法，或者一种美妙的哲学、信仰体系。它绝对是一个普遍适用的冥想练习——之所以普遍，是因为觉知本身可以被看成一种跨越所有文化的、存在于人性之中的"最后共通路径"[⊖]。归根结底，正念其实是一种存在之道，一种与体验共处的存在之道。鉴于它的特性，它需要我们持续培育和养护，无论是关注如何全然、自由地生活的个体，还是相互扶持、彼此滋养的群体和社会。就像音乐家在演出前甚至有时在演出的中间需要按时调试、重调和精调他们的乐器一样，正念可以被看成一种对注意力的调试，以及你与自己的体验的关系的一种调试——所有体验。无论你是一位多么有成就的音乐

⊖ 这里作者用高等动物脑神经学中的一个名词"最后共通路径"（the final common pathway）作比喻，意指无论人类存在多大的个体差异，觉知始终是人性中普遍具备的一种素质和潜能。——译者注

家，依然需要按时调试你的乐器。实际上，你越有成就，就越需要练习。这是一种良性循环。

即便是最伟大的音乐家，也需要练习。实际上，他们很可能比任何人练习得更多。只不过，在正念中并没有所谓"排练"和"演出"的分别。为什么？因为那里既没有演出，也没有排练，只有当下，就是这样。没有所谓对觉知的"提升"。我们通过正念练习来培育的，是更好地通往内在觉知并和它亲密相处的能力，以及在贯穿我们所有行为的"默认模式"的领域中，让觉知占有一席之地的能力。

一个房间的许多扇门：至关重要的多元与涵容

正念在世界上的实践和更广泛的表达，应该像那些倡导它、接纳它、呈现它并且得益于它的人一样尽可能地多元——如同人类大家庭里演奏和欣赏的那些音乐一样，如此多姿多彩，以各自的方式构建着一个生机勃勃和水乳交融的真实世界。

同时，如果你问我，是否对如今社会上对正念过度炒作，以及那种缺乏严格的学习和实践却把自己包装成"正念老师"的倾向心怀疑虑？确实如此。那么，这本书的书名会为这种炒作推波助澜吗？我当然不希望这样。过去几十年间，我体会到正念深刻的疗愈力、潜在的改造力、广泛的适用性以及它在健康和幸福各个层面的益处，并抱有坚定的信念（即使这仅限于我个人的体会）。尽管还在襁褓期，但比20年前成熟许多的正念的科学研究也以实证表明，在医学和临床心理学界的正念减压（MBSR）疗法和正念认知疗法（MBCT）以外，众多正念的应用在包括教育、司法、商业、体育、社区建设甚至政治等诸多领域都做出了贡献。

所谓"人人都来练习正念"，是指一夜之间每个人都将接纳正念，或者最终都将进入到严苛、对自己深具意义的正念冥想练习中去吗？不，当然不是。然而，与1979年在马萨诸塞大学医学中心减压门诊诞生之初的MBSR截然不同，世界各地越来越多的人和越来越多元的群体正在不同程度上将持续和规律的正念冥想带到他们的生活中，从南苏丹的难民到美国的森林消防员，从巴尔的摩市中心被广为研究的公立学校和课外项目中的孩子到主要警察部门的警察，从加利福尼亚大学洛杉矶分校正念觉知研究中心在洛杉矶各处开设的每周公共冥想中心的参与者到加入上海市医学会正念项目资助的正念课程的病人，从世界各地的医学、健康和社会正念中心（Center for Mindfulness in Medicine, Health Care, and Society）的关联项目到一个尤为广阔的、由大学和医疗中心或独立项目的正念减压老师和督导们建立的全球网络。正念可能在除南极洲以外的各个大洲扎下了根：北美洲、欧洲、非洲、亚洲、大洋洲和南美洲。

　　但是如果你问我，"人人都来练习正念"是否意味着我们每一个独特的个体都能从更广阔的觉知中受益，无论年轻人或老年人，无论我们是谁，无论我们所持的观点是什么，无论我们被过去和各自的传统如何塑造，无论我们的身份认同或归属为何——宗教的、精神的或哲学的，世俗的或神圣的，右派的或左派的，乐观的或悲观的，愤世嫉俗的或富有同情心的——我会斩钉截铁地回答："是的！"如果你问我，我们每个人是否都会像比尔·盖茨说的，得益于"看清我们如何制造了自己生活中的痛苦"，当然，还有我们如何制造了他人的痛苦；以及是否会得益于更加深刻的觉醒；是否会得益于对人类彼此间以及人类与世间万物和我们栖息的星球之间的联结抱有更好的觉知；是否会得益于对所有现象，包括对我们自己"无我无相"⊖本质的认知和了解，我也会斩钉截铁地回答："是的！"事实上，我认为这可能是当前人类进化的一个至关重要的机会：去了解我们自己作为完整的存在和我们作为一个物种彼此间的联系，让我们的行动被更宏大的、整体性的智慧引领，而不是被相对闭塞的、常常建立在恐惧之上的、错误的自利心态，以及关于我们自己的狭隘和限制性的表述驱使——作为呼吸着的生物体，作为在这个星球上即便幸运地寿终正寝，在宇宙、地质或进化史的时间系

　　⊖　见《正念地活》中的"空性"一章。

中也只是须臾存在的我们，到底是谁？

若你承受着生而为人之痛，此练习也许适合你

让我把这个话题暂且带到个人层面。如果不是在某种程度上被自身已有的以及可能拥有的那种可能性直觉般地吸引，你又怎么会有冲动拿起这本书？我猜，即便你从来没有或者依然不确定自己是否会开始或持续长期的冥想练习，这种可能性依然存在。事实就是这样，你可以做到的。你可以培养适合自己的冥想练习。在这个星球上，我们中越来越多的人正在这样做。你所需要做的唯一的事情是开始，尝试你从未做过的事情——如果你坚持读到了这里，你其实已经在这样做了。如果我这里所说的正在发生，剩下的一切会水到渠成……生活最终会以你也许没有意识到的方式教导你、养护你。当你在对每个当下、非评判的觉知中一点点觉醒的时候，你将会认识到并感谢这一切。

生活是终极的冥想老师

正念练习归根结底在于，在你依然有机会选择的时候，你会怎样活在生命中的每时每刻。更确切地说，当你遭遇到我有时称为人类的多舛命运时，或者更个人的，当我们

遭遇个人生活的重大变故时，你将选择如何与其共处。

至于对"正念"的过度追捧，也许对于我们而言有价值的一种做法是从"正念"这个词中稍加抽离。正念不过是一个词而已。我们指向的是这个词之下最重要的东西，纯粹的觉知——或许是人性中最了不起的特质和进化的资产。

一旦我们进入纯粹觉知的场域，我们就进入了关系的场域。正因为你全神贯注，你会更容易地看到，在这个相互连接的宇宙中，每一个存在是如何与其他所有的存在产生联系的。作为天生就有能力将我们的觉知设置为默认模式，并且能够觉察自己的觉知的人类，我们的挑战是，在"存在"（觉醒）和"作为"（行动）的场域里，我们应该怎样向内及向外地与现实互动？一旦你进入并且学会安住于你自己的觉知，昏沉将一去不复返。谁又会想再次坠入昏沉之中呢？[⊖]

正念是，而且一向在于"真心诚意"。在中文和许多亚洲的文字中，"念"字和表示"心"的字相关。在中文里，"念"字是由上"今"和下"心"组成的。因此，"正念"就是"真心诚意"。一贯如此。这意味着，正念天然就是符合伦理的。它根植于并且一直根植于"不伤害"的基础。为什么？因为如果你伤害或杀害他人、撒

⊖ 这里作者意为，我们一旦经由正念练习体验到觉知力带来的清醒明朗，将不愿意再回到过去混沌而无意识的状态中。——译者注

谎、偷盗、性侵或诋毁他人，那么在你的心中是不会有平静和安宁的。所有这一切都有违"不伤害"的理念和人性中基本的善良。

即便玫瑰不叫玫瑰……⊖

同理，如果换个说法，我们可以说"正念"在深层次上也是"善念"。如果我们称正念为"善念"，又有谁会反对呢？我们会认为善念太困难，难以企及，或者受到了过分追捧吗？我很怀疑。真正的善念通常是自发和慷慨的。它来自对某种需求的刹那觉知，然后在一种寻求联结或提供帮助的冲动下以一种友善的方式对这种需求加以回应。然而，在那冲动之前瞬间闪过的不是某种概念化的认知，而是一种自发的觉知——在念头升起之前，有某种东西被唤出体外，也许不过是在一个关键时刻向另一个人展露的微笑，或是更常见的，向他人付出的不为人知的慷慨行为。这种觉知是刹那间本能的洞察，源于觉知本身。这，就是正念。

正念的唤起可以是在某一刻引发真诚而热切回应的任

⊖ 原文 "A Rose by Any Other Name…"出自莎士比亚的名句，"玫瑰不叫玫瑰，还是一样芳香"（A rose by any other name would smell as sweet）。它是指事物的本质不会因叫法不同而有所改变。——译者注

何事情，无论其中是否涉及你爱的人、你的孩子、路上的流浪者，或者拥堵车流中坐在你隔壁车里的人。行为不是最重要的，最重要的是觉知。而觉知的能力是内在的，它是人类的天性。觉知的刹那就是正念被本能唤起的时刻，是不分彼此的时刻。尽管觉知可以被之后的念头进一步增强和充实，但觉知本身并不需要经由念头而产生。觉知，是在当下的时刻所呈现的洞见。如果接下来采取行动是必要的话（有时候并非如此），一个直接的、可能是恰当的行为反应会本能地伴随而来。

我们每个人都具备这种对当下的觉知力。当周遭的环境自发地召唤出这种能力时，我们就已经身在其中了。那么，为什么不在每个当下都这样做呢？为什么不在每时每刻都对我们自身和身边的种种呈现保持觉知呢？那就是正念。它是一种内在的能力，去看清楚在这一刻什么是最主要的、最重要的和最需要的。你或许会发现，这是一种非常值得信赖的能力。

我们都已经拥有了正念，或者你可以说，我们都已成为正念。它实际上就是那种能力——只是看到需要看到的，然后行动！那基于我们所理解的、所认识的行为，有时看起来像是在觉知发生时的无所作为。但即使你什么都没做，甚至连微笑都没有，它也并不真的是无所作为。为什么呢？因为在你的内心，有些变化已经发生。为什么不认可你内在的觉知力呢？超越我们为事物贴上的标签和自己的想法，超越它们的名称和形态。同时，在思考潜入之前，不拘泥于概念，而去觉察事物的本来面目，去探究当下体验的本质或者升起的任何念头之下的东西。

为什么不干脆鼓励将这种觉知拓展到生命中的其他时刻？为什么不滋养深藏在我们心中的这粒种子？毕竟，它也是一种智能。事实上，它可能是我们人类所有品质中最持久的一种；它可能是在人类发展的当下能够让我们作为一个物种继续进化的、最重要的品质。当然，一些将之视为商机的人可能会开始销售"善念"手镯、"善念"讲座，或者其他什么东西。但是，为什么要购买或者把你已经拥有的东西变成一种商品？这个东西已经是你生而为人不可分割的一部分。为什么不干脆与它成为朋友？为什么不干脆将它当成一个指南针来指引你的生活呢？

或者我们换个比喻，为什么不从感官、从觉知的角度来看待世界，按照你本自具足的价值来生活呢？为什么不和那些与我们以同样的方式表达关切的人建立联系，找到新的、富有想象力的方式，然后与当下、与这个自利又利他的机会更加智慧地相处呢？让我们去改造社会，像医学界遵奉的"希波克拉底誓言"那样，将"不伤害"作为我们所有关系的指导原则。同时，尽力治愈由我们社会中存在的种族歧视、不公和贫困带来的创伤，有意识地对抗我们部落主义的冲动，并且期盼以当下的澄明来超越这种冲动——这种冲动分化了"我们"和"他们"，只亲近我们认为和自己相似的人，同时妖魔化、伤害或者忽视那些我们认为和自己不同的人。结果，在不知不觉中，我们最终成了自己行为的受害者。

民主2.0：一个迫切需要通过正念和诚挚之心完成的升级

这本书不仅涉及我们如何在个人生活中认识正念，也包括我们如何在共同居住的这个地球上践行正念。托马斯·杰斐逊曾经说过："自由对一个群体而言，就如同健康对于个人一样。没有健康，一个人无法品尝到快乐；没有自由，一个社会也不会享受到幸福。"他说的没错。但同时，他是个奴隶主——即便在《独立宣言》中写下了"人人生而平等"，他依然剥夺了另外一些人的自由。因此，历史充满了讽刺和自相矛盾，以及令人痛苦的证明：实现真正的民主会是一个多么漫长的过程；无论一个人多么高贵或富有，冲破他所处时代的藩篱会多么艰难，而能看到这些限制进步的束缚并实现这样的理念更是难上加难。在人类文明的成果中，有些人总是被辜负。被奴役的人永远对他们经受的奴役保有觉知。于他们而言，这些经历不是浓墨重彩的文字足以表达的。他们了解真相，因为他们实实在在地经受了压迫。即便是赋予了我们民主概念的古代雅典人，奴隶制也是他们社会结构中不可分割的一部分。而当我们说到奴隶制——自由的对立面时，谁能想象这种制度给人们带来的、延至今日的痛苦呢？妇女的地位亦是如此，因为古代雅典的妇女是不被允许参与到民主程序中的。而且，就在不足一百年前，美国的已婚妇女在她们的婚姻之外也是没有法律地位的。

这就是民主自身的实现以及人类社会全部成员的解放需要历经几代人的一个根本原因。如今，民主在进化过程中依然没有任何成功的保证，无论在一个"唯一不变的是改变"的世界里，"保证"到底意味着什么。

然而，伴随着时间和科学技术为我们、我们的孩子和孙辈迄今为止所带来的改变以及未来更多的改变，文化进化的历程也在加速⊖。因此，我们需要通过民主方式制定法律，保护群体中参与的机构和机构中每个成员的基本主权，他们是每个国家社会整体的细胞，也是构成这个星球的细胞。

也许我们可以将这个正在萌芽的可能性称为民主2.0。这可以是一种民主的升级，它警惕并且阻止我们在过去漫长的历史中所看到的种种矛盾和阴谋再次发生。这些矛盾和阴谋

⊖ 或许表观遗传通路和生物进化也在促成这次变化的发生。

有时候在历史中甚至如今[⊖]依然在以社会中其他人的利益作为代价来支持着某些成员膨胀的特权。这种现象发生的方式五花八门，从种族灭绝和堂而皇之的蓄奴制度[⊜]到广泛存在的（通过继承、财富、地位、权力、教育、欺诈等）偏袒极少数人而限制多数人利益的法律。这种不平衡背后的驱动力总是可以归结为贪婪、仇恨、幻想、对特权的保护主义以及对平等机会的根本漠视。这些因素削弱了社会和地球上所有成员在生活中免于不合理和不公正限制的权利，无论这些限制是法律、经济、社会方面的，还是教育方面的。当人们的很多工作和职业被算法和机器人取代的时候，探讨这种不平衡将会在我们的社会中变得越来越重要。

当然，在过去两百余年间，第一世界国家的人们在生活水平、健康和普通人的个人财富方面取得了巨大的进步；而近些年，几乎世界上所有的国家都是如此[⊜]。然而，那些我们教授给孩子们以及通过宣誓成为美国公民的移民

⊖ Nancy MacLean, *Democracy in Chains*: *The Deep History of the Radial Right's Stealth Plan for America*, Viking, New York, 2017；Noam Chomsky, Chomsky on Mis-Education, Rowman & Littlefield, Lanham, MD, 2000.

⊜ 这里是指美国历史上对北美洲原住民的种族屠杀和针对非裔美国人的蓄奴历史。——译者注

⊜ Hans Rosling, *Factfulness*: *Ten Reasons We're Wrong About the World——And Why Things Are Better Than You Think*, Flatiron, New York, 2018；Stephen Pinker, *Enlightenment Now*: *The Case for Reason, Science, Humanism, and Progress*, Viking, New York, 2018.

们关于全人类自由和公平正义的陈述，依然无法应对种族灭绝和蓄奴制度的国家底色带来的矛盾，以及法律和经常的暴力执法对少数人特权的极度偏袒。这种特权和权力上的不平等在其他一些社会甚至更加骇人听闻。民主，经过了从古希腊至今数千年的曲折发展，依然没有面对它自身矛盾的根源以及权力滔天的财富利益群体对自由和平等机会的破坏力。

在我看来，现在是我们作为人类来催生民主升级的时候了——一个建立在智慧和仁慈上的民主，坚持所有人拥有生命、自由和追求幸福的基本权利，并且去探询和研究真正幸福的样貌和它的栖息之所。对我们心念和欲望的觉知在这里扮演着一个重要的角色。因为归根结底，我们的心之所想同心之所求一样，是众多痛苦的来源，而觉知能帮助我们将个人和这个世界从这些痛苦中解脱出来。

特权的权力，权力的特权

众所周知，在托马斯·杰斐逊起草的《独立宣言》中提到了生命、自由和对幸福的追求。然而，当美国宪法开始实施的时候，"对幸福的追求"被"财产"所代替。这并不令人意外，因为宪法是一份法律文件，它所有的签署者都拥有财产（而且是白人和男性）；而《独立宣言》是针对不公的一个革命性的宣言，没有任何法律效力。事实上，这份文件标志了对大英帝国法律架构和约束的背离，以及对其殖民统治的彻底摒弃。这些自相矛盾是令人心痛的证明，说明在这个星球上的民主和自由的发展曲线就是如此——一个随着时间的推移逐渐展开的进化实验，它脆弱，会以许多不同的方式被削弱。因此，关于自由和权力的任何绝对主义都是有局限性的，而且可能是蒙蔽人心的。最终，民主需要其他的一些东西，超越原始权力的行使。它需要智慧。而智慧只有在觉知中才能孕育，觉察到追求定义过于狭隘的私利会滋生这种蒙昧，尤其是当所谓"自我"的理念用在个人身上就很有问题，更何况是用在企业和其他组织身上。要获得真正的幸福和安乐，或像亚里士多德所说的"因理性而积极生活所带来的幸福"（eudaemonia），我们需要觉醒，我们需要学着与我们作为生物、作为人类的自性（essential nature）友好相处。这是一个非二元的觉知领域，比思考更深入、更广阔的（见《觉醒：在日常生活中练习正念》）。

无为之为

无为（non-doing）是培育正念的一个核心因素。在这个崇尚有所作为和无所不为的文化里，听起来实在太"美国"了。但是，在我们个人和群体能够理解和践行的范围里，无为和存在模式（being）正在成为对美国人越来越有吸引力的选择。它让我们认识到，一个觉醒的民主社会在如今的年代可能会是什么样子；它同样让我们认识到，贪婪、仇恨和臆想的冲动，特别是当它们背后有不公正的法律来支持和鼓励的时候，可能削弱或彻底摧毁民主——一个在这个数字化时代越来越恐怖的幽灵。就像美国空军的座右铭所说的，"永远的警觉是获得自由的代价"。假如美国空军真的明白这句话的意思⊖。然而，警觉必须来自清晰的头脑和智慧的心，而且必须根植于伦理和道德的土壤。否则，这种自由会让我们见证的2018年发生在白宫里的事情又一次重演⊜，甚至以一种比过去更荒诞、更露骨、更令人担忧和危险的方式重演。实际上，这并不少见，就像是人类社会中的某种规律——在取得政权、巩固政权和政权被推翻之间存在周期性循环。当这一切发生的时候，总是有很多人死去。很多人，甚至孩子，被不公正地囚禁；而爱与仁慈似乎也随之死去。

只是，爱与仁慈从未完全消逝。爱与仁慈的消逝只是我们基于自身的信念和信仰告诉自己的、在一段时间内感

⊖ 这里是作者的一种嘲讽。因为在过去20多年间的境外军事行动中，美国空军因为所谓的"操作失误"造成了其他国家，特别是中东地区国家大量无辜平民的伤亡。——译者注

⊜ 这里是指2018年美国时任总统唐纳德·特朗普及其执政团队的政策。——译者注

觉真实的一种狭隘的陈述。人类的善良和关怀不会死去，觉知和智慧也不会死去。它们存在在我们的DNA里，常常会在最严酷和最恐怖的情形下体现出来。我们每一个人都有能力付出大爱；不幸的是，我们也可能主动或被动地给自己和他人带来伤害。那么，为什么不培育爱呢？为什么不培育智慧呢？为什么不将我们的头脑和心灵带向这样的方向呢？毕竟那里是真正的自由和幸福的所在。

看待自我和私利的一个更广阔的视角

通过扩展对"自身利益"的定义，通过摸索"自我"、"我"和"我的"、"我们"和"他们"的含义，通过探查我们落入反射性情感疏离和去人性化的陷阱带来的后果，让我们都尽可能地滋养自己的生活吧。如果我们要在那些关键时刻克制这种自动反应，温和地提醒自己不需要在个人和群体层面条件反射性地陷入区分"我们"和"他们"的套路，我们可能还需要探究什么是真正的幸福和安乐。

活在当下，构筑未来

当我们畅想未来的时候，让我们通过对此刻的全然关照来好奇地看待自己在未来可能扮演的角色，以及以各自不同的方式可能做出的贡献。当我们关注此刻的时候，下一刻就已经因为我们在此刻的全然临在而变得完全不同了。这是我们塑造未来的路径，带来一个更具有智慧、更友善的未来的路径——以我们的全然临在和多元智能（multiple intelligences）来关照和回应当下。换句话说，正念地去觉察。

在这个方面，本书邀请你相信自己的创造力和文化传统，无论你属于或认同哪个国家或文化。通过持续地培育正念和诚挚之心，我们各自以自己细微但绝非微不足道的方式构建着一个多维度的、彼此相连的晶格结构（lattice-structure）——在这个架构里，我们作为具身体现的智慧节点可以疗愈和彻底改变世界。智慧的呈现并不抽象。它出现在我们此刻对孩子和孙辈的照顾以及与他们的互动之中；它体现在我们对世界的给予和馈赠之中；它存在于我们所做的工作和我们的关系之中，以及我们能否愿意在自己的行为和选择中维护我们最珍视的价值并且身体力行。当我们愿意坐下来，全身心地倾听可能和我们的观点截然不同的人所要说的话时，当我们仔细倾听自然之语，包括我们的天性和宇宙的声音时，智慧会从中浮现。简而言之，当我们是生机盎然的，当我们能够每时每刻地看到、欢迎并善巧地应对生命的如是样貌——包括人类的多舛命运时，具身体现的智慧就是生动和活泼的。当我们这样做的时候，正念的培育将会把我们和生命以一种神秘的、我们自己可能都无法想象的方式深刻地联结在一起，最终，这会使所有人受益。

以史为鉴

就像你将会看到，特别在第一部分我使用的例子中，这本书的大量内容——写于2002～2004年，是最初的《正念的感官觉醒》（*Coming to Our Senses*）一书的最后两个部分。在该书中，我试图将正念修习的范围和它本身所固有的正交取向加以扩展，将"群体"包含进来。换句话说，将它疗愈的潜能扩展到整个社会，扩展到美国在自己的国家和在世界上实施的那些与自己的言论相悖的实际作为上，扩展到我们作为一个物种在当时就发现自己面临的、而今变得更为严峻的挑战上。

在这本书里，我会以一种乐观的态度来说明，将正念的视角和对正念的培育[⊖]带到社会乃至整个世界对于我们人类来说是多么迫切。这样做，我们或许可以用一个好得多的框架来精确地诊断和恰当地处理我们的社会疾病，不仅针对疾病本身，还针对疾病之下这个社会所遭受的、普遍存在的焦虑与不安（见《正念地活》的第二部分）。这些

⊖ 正如我在《正念疗愈的力量》中谈到的，正念可以在开拓、疗愈和改变我们个人生活方面提供指导意见。

社会疾病无可置疑地表明，如果不采取一些激进的，甚至是奇迹般的、在世界范围内的社会、科技和政府层面的创新，人类活动给这个星球带来的"病痛"可能会使未来几代人中绝大多数的生活变得举步维艰，甚至难以为继。

最重要的学习、成长、疗愈和变革只会来自我们大家作为人类在困难面前觉醒和洞察的能力：洞察我们的环境以及我们作为一个物种所拥有的内在和外在的资源，尽可能地减少不健康的、以贪婪驱动的人类活动，同时代之以更健康和更仁慈的行为。出于这种觉知，让我们每一个人去调动这些资源，带去疗愈而不是制造伤害。我们需要全方位地运用躯体的、本能的、认知的、情感的、社会性的、全球性的多元智能来直面这个问题：自从工业革命开始以来，"聪慧的"人类在过去仅仅十几代人的时间里事实上制造了多少光明和黑暗？

*

你将会看到，在这本书里，我有意识地没有完全重写这一部分而去使用更多当代的例子。实际上，我只是做了一些微调，在书里加了一些新近的元素。到目前为止，我使用的多数例子都是历史上的。然而，它们并非仅仅存在于历史中！我们不断地看着那些我在21世纪的头几年中写下的、在当时以及很久以前就显而易见的社会旋律或趋势，在今天一遍又一遍地重复上演。我们今天对待这个世界的方式在很大程度上取决于我们了解它的视角和对因果的理解，而且一向如此。我们看到社会呈现出前所未有的分裂，其实，它一向如此。自从我们的口袋和手提包里有了全球联网的超级计算机，我们的科技或许变得更加快捷和更加普遍，但人类的挣扎究其根本却从未改变。

我希望，你将会透过这里描述的视角来洞悉世界如今的模样，并意识到在我们所处的当前的社会气氛、自然气候下[⊖]你要怎样以自己的方式全然地活在属于你的生活里，以及要如何保障其他人也拥有这样的权利。如果我们从医学的角度来看待人类处境中的不安因素（见《正念疗愈的力量》），依据医学和科学在过去半个世纪所发现的关于身心连接、神经可塑性、表观遗传、端粒和细胞衰老、正念、个人健康、福祉、公共健康和环境的知识，我们可能还有机会比过去更加准确地"诊断"我们的病况，从而能够找到并有动力和韧性采取适当的方法去疗愈这些深重的痛苦。在这个过程中，我们有机会找到、发掘和恢复我们作为人类原本的完整性和最初的美丽。这不仅仅会让我们感到满足，它还将带来深刻的洞察力，从而产生真正的力量。

⊖ 这里作者用了"climate"，而且特别说明是一词双关。这个词在英文中通常指社会气氛或自然气候。——译者注

*

作为群体的基本"细胞"和这个星球上绽放着的生命，我们每个人都是重要的，我们在自己的生活和丰富多元的关系中所培育和呈现的正念（以及诚挚和善良）可能至关重要——最终，它也许会在未来的岁月和世代中给事情的走向带来关键的不同。这就是我们保持乐观的理由。就像我去世的岳父，历史学家、教师、人权与和平活动家霍华德·金所说的：

我们不需要做出什么史诗般的英雄行为来参与变革。不起眼的行动，当以百万计的时候，就可以彻底改变世界。在艰困的时刻抱有希望并不是傻乎乎的浪漫主义。它基于这样一个事实——人类的历史不仅仅是残忍的历史，也是仁慈、牺牲、勇气和友善的历史。在这个错综复杂的历史中，我们选择强调的东西决定着我们的生活。如果我们只看到最糟糕的情况，那会摧毁我们的行动力；如果我们记住在诸多的历史时刻和地点中的人们不平凡的作为，那会带给我们行动的能量，至少带给我们将这个世界推向不同方向的可能性。

如果我们采取行动，无论以怎样不起眼的方式，我们不需要等待某种宏大的乌托邦式未来。未来，是无限个当下的连续。即便身边环绕着丑恶，若我们能以我们认为人类应该

活着的方式生活在当下，本身就是一个无与伦比的胜利。[⊖]

*

祝愿，你的正念修习持续成长，繁花盛开，每时每刻滋养你的生命、健康、工作，以及你在这个世界上的使命。祝愿，无论在最好或者最糟的日子里，世界的美好都将拥你入怀，提醒你叩问自己到底是谁，提醒你叩问自己在有机会的时候，那最值得你呵护和培育的是什么。

祝愿你徜徉在美好之中，就像纳瓦霍人所说的那样。祝愿，你意识到你已经身处美好，且一向如是。红尘十丈，无论风景，我唯愿你，温柔待之。

乔恩·卡巴金
马萨诸塞州，北安普顿市
2018年10月26日

⊖ H. Zinn, *You Can't Be Neutral on a Moving Train: A Personal History of Our Times*, Beacon Press, Boston, 1994, 2002. 也可以参见 Zinn Education Project (ZEP)。

目　录

前　　言

第一部分

群体的疗愈

第一章

群体的疗愈

> 最高尚的权力以爱实现正义的诉求，最高
> 尚的正义以权力消弭所有对爱的挑战。
>
> ——马丁·路德·金

到目前为止，我们在《正念地活》《觉醒：在日常生活中练习正念》《正念疗愈的力量》里关于正念在个人层面上的所有探讨，都同样适用于我们作为一个国家和一个物种在这个世界上的行事作为。想想当前发生的任何一件事情。我们真的了解正在发生着什么吗？还是我们仅仅在构造着自己的"看法"？这些"看法"来自我们对某些新闻平台的信任或者不信任；来自我们对某些叙事的反射性认同和对其他叙事的断然拒绝；来自对区分"我们"和"他们"的

沉迷；来自我们对某些事情的喜欢或讨厌、渴求或恐惧；来自我们对事情表象的笃信，或对事情本质的凭空想象。

　　挑战在于，我们是否能够用正念觉知的"非二元"的视角来看待世界上正在发生的一切？身为我们所居住或者所认同的国家和社会不可分割的一分子，我们是否能用这样的视角来看待自己与这个世界的互动？比如，我们会对那些呈现在我们面前，引发我们的偏见和无知的所谓"新闻"，有所辨别和了知吗？我们会注意到那些早晚会对我们的私人空间和个人生活产生影响的、大大小小的事件吗？那些事件实际上就发生在我们身边，却常常游离于我们的直接经验之外；直到有一天，给我们当头一棒。无论这些事件是关于经济的、社会的、政治的、地缘的、军事的、环境的、医疗的，还是某些复杂的结合体，比如全球变暖、性别身份规则的变化，或是因战乱或者饥荒造成的大规模难民危机。有一天，当我们突然发现这些我们不完全了解的力量已经将自己的生活搅得天翻地覆的时候，我们是否能对这一刻保持觉知？毫无疑问，和这些力量比起来，个体的力量微不足道。它们搅乱了我们的个人生活、传统和文化的安适感——这会令人感到痛苦和恐惧。然而，倘若我们不会出于堕入恐惧的本能而去抗拒这些力量，同样的力量会将我们置身于一个更加宏大的愿景里——因为正面临威胁的人类的根本问题多得是。

因此，最根本的困难在于我们是否能够创造一个全新的维度——正交（orthogonal）[⊖]。我们是否能在变得更加开放、更加包容的同时，又不至于让它过度地威胁到我们的福祉和安全感？我们是否能够具身体现慈悲？在我们作为个体的、国家的和一个物种的自我意识面临着改变、不确定和潜在威胁的时候，我们是否能够具身体现智慧？我们有足够的智慧吗？这是我们如今需要面对的、来自外部世界的挑战，也是我们要面对的、来自头脑和心灵的内在世界的挑战。内在世界和外在世界的彼此映照，给了我们无限的机会来塑造我们与这二者之间的关系，同时也被它们塑造。也许，作为一个社会群体，我们也完全可以像《正念疗愈的力量》结尾处德里克·沃尔科特（Derek Walcott）的《爱无止境》中写的那样——站在自家门口迎接自己，再一次爱上那个陌生人，你自己。

我们只需要用《正念地活》中的老妇人/年轻女子的形象或者卡尼萨三角（Kanizsa triangle）作为提醒：我们很容易被事情的只鳞片爪蒙蔽，或者固执地将自己对一些事情的错觉当成现实。和我们在日常生活中需要应付的复杂多变相比，这些不过是简单的例子；更不用说我们的国家和世界要面对的种种情势了。如果不能细致观察自己如何看待和了解事情的方式，我们往往会误判复杂的形势，

⊖　见《正念疗愈的力量》的第一部分。

而且狭隘地执着于对片面或者局部的看法。当我们这么做的时候，我们可能会仅仅因为不愿意看到事情的某些方面，而不假思索地将这些或许可信的部分排除出去。这种执拗的心态，这种对一件事情的看法无论对错都怀有偏狭的、盲目的执着，会给我们自己和他人制造敌意和痛苦。将自己的觉知向内和向外地拓展开来，与那些和自己截然不同但或许也有可取之处的了知、看见和存在的方式做一点接触——如果我们每一个人都能做一点这样的尝试，我们的社会和我们的政治生活会不会变得更加健康、更加有智慧？

无论你持有或不持有什么观点，无论这些观点是政治的、宗教的、经济的、文化的、历史的、社会的，或者仅仅是你在家里对一些日常事务持有的立场，花点时间想想那些持有截然相反观点的人。他们是全都被蛊惑了吗？他们都是"坏蛋"吗？在你的心里，是否存在着将他们非人化、刻板印象化，甚至将他们妖魔化的倾向呢？你是否会对"某些人"做一些以偏概全的论断，而且对"那些人"以及他们的特点、智力，甚至人性做出一概而论的评判呢？当我们开始关注自己思维活动的方式——意识到想法仅仅是想法、观点仅仅是观点、情绪仅仅是情绪，我们会很快发现，自己同样会用这种以偏概全、"贴标签"的态度去对待和我们生活在一起的人以及我们最爱的人。这

就是为什么虽然家庭有时会让我们发疯，但它依然是一个
非常好的提升觉知、慈悲和智慧的实验室，并在日常生活
的每时每刻践行和呈现觉知、慈悲和智慧。当我们执着于
"自己一定是对的，别人一定是错的"的时候——就算在
一定程度上确实如此，而且面临的风险非常非常高（或者
至少我们坚定而执着地认为风险很高），我们看待问题的
视角可能会扭曲，我们可能会陷入臆想，从而对实际的情
势和我们所处的关系造成破坏，而这种破坏远远超过了所
谓有效的"客观性"和任何一种立场本身的价值。当我审
视自己的心念时，我必须承认，我每天都在经历着以上的
种种，而我必须特别小心地觉察它们并且不被它们彻底带
偏。我猜，这种经历非我独有。

　　倘若你也有些许这样的经历，而那些和你的观点针锋
相对的人也很可能是这样看待你和你的"同道中人"的。
这种相似的经历有没有可能为我们撩起真相的一角，让我
们意识到彼此之间至少还拥有一些相同的基础、共同的利
益和一个更大的真相？还是，我们看待和思考问题的方式
已经变得如此两极分化和如此盲目，让我们完全看不到，
也无法知道事情的本来面目了？或许，那些相似的经历能
够提醒我们：我们其实并不真的知道，而就在这"不知"
之中，蕴藏着巨大的创造力和潜在的疗愈力。不知，既不
是无知，也不是蒙昧。这是慈悲，这是智慧。比起出于恐

惧而建造围墙，或相互指责，或借口发动战争，或无休止地分化"我们"和"他们"，了知自己的不知会更有力量，也更有助于疗愈。

只有了知自己的不知或是一知半解，我们才能够在头脑和心灵中拓展出巨大的空间和额外的维度。想想韩国禅宗，崇山禅师对那些心存执念的人是怎么做的（见《正念地活》和《正念疗愈的力量》）。他说："如果你说，这是棍子、手表、桌子、顺境、逆境或事实，我会敲你30下（这只是象征层面的说法，他并不会真的打人）。但如果你说，这不是棍子，不是手表，不是桌子，不是顺境，不是逆境，不是事实，我还是会敲你30下。你当如何？"

记住，他实际上是在提醒我们从非此即彼、非黑即白、非好即坏、非吾即他的思维窠臼中跳脱出来。让我们经历这种"非二元"的困惑，是一种慈悲；点明我们常常自己走入这种二元思维的陷阱，也是一种慈悲。

是啊，你当如何？我们又当如何？话说回来，铁锹不就是铁锹吗？何必拐弯抹角地把它叫作"花园种植工具"？[⊖]何不干脆认定，这就是族群灭绝、谋杀、剥削、公司犯罪、线上线下的系统性欺诈，结构性的种族歧视和社会不公？好吧，我们当然可以这样下定义。有的时候出于

⊖ 原文是"What about calling a spade a spade"。这是一句美式俗语，意指不加粉饰地直接指出事物的本质或本来面目。——译者注

道德，我们必须站出来，将我们所知道的事情真相不加掩饰地说出来。但是，如果你真正知道、真正清晰地看到事情的本质而非仅仅执着于你勾画出的"真相"，你会很快地意识到，指出"这确实是一把铁锹"也许并不是我们唯一能做的或是最重要的事情，尤其是当你沉迷于定义所谓"真相"的时候。无论挺身而出、去给所发生的事情一个准确的定义是多么重要，但在这种情形下，可能还有比下定义或贴标签更恰当的反应。也许我们迫切地需要以智慧回应，找到一种具身体现的方法，然后在和他人的互动中培育正直和尊严；我们还可以做一些实实在在的事情，而不仅仅是去贴标签、谩骂，或去附和这么做的人。

如果它确实是一把铁锹，拿起它，招呼众人一起挖土倒也合适。将我们对当下事情的理解通过行为呈现出来，也许是我们在此刻能做的最好的事情；倘若我们还愿意从自身行为的后果中学习，我们或许能够渐渐地接近智慧。除此之外，任何其他反应都可能会迅速流于空谈。政客在竞选公职的时候会说，这是个问题，我们必须对此做些什么。可是为什么一旦选上了，他们对这个"问题"及其重要性的看法会变化得如此之大，如此之快？比方说，那还是一把"铁锹"吗？还是当时为了方便给政客做敲门砖或其他的什么东西而被"叫作铁锹"？

套用伯特兰·罗素（Bertrand Russell）的话，人类已经知道如何翱翔天际、沉潜海底；然而，我们还没有学会如何脚踏实地。无论海洋和太空多么有趣或者引人入胜，对我们来说，最后的疆界不是海洋，也不是外太空。最后且最重要、最迫切需要我们关注的疆界，是人类的头脑和心灵。这需要我们去了知自己；最重要的，从内在了知自己。那最远的疆界，实际上就是意识本身。我们的意识是我们所有知识的集合，是这个星球上所有智慧的集合，它包括了所有不同的学习途径，比如科学、艺术、本土的传统、冥想的探究，或者正念练习的具身体现。而这，正是我们人类在这个时代所面临的挑战——居住在世界不同角落的我们被各种方法联结在了一起。于是，在这个世界上的任何地方发生的任何事情，都可能会在明天或是下个月对其他任何地方的人们的生活产生深远影响；无论这个事发生在赫尔辛基、莫斯科、布鲁塞尔、巴格达、吉隆坡、墨西哥城、华盛顿、喀布尔、北京，还是出自白宫的推特。更不用说那些保障国家的所有"细胞"平等地从"血液供应"中受益的民主制度、多元接纳和平等法治正在面临持续的威胁。正念，与那种自欺欺人、自私自利、一味追求自身安全、幸福和收益最大化的做法截然相反。对正念以及对群体疗愈的探索为我们提供了一种方法，能让我们在森林中环顾四周，得其全貌。无论局部有多重要，我们都不会沉迷于一枝一树；不至于一叶障目，而不见泰山。正念提醒我们，那些被狭隘的、未经审视的想法和观点扭曲的视角，通常由不同程度的恐惧、贪婪、仇恨、妄想和地方部落主义所驱动。在这个时代的电台广播、社交媒体、或许是机器人的包含恶意的网络个体以及各方随处可见的罔顾事实的孕育和煽动下，这种区分"我们"和"他们"的人类本能，成为一个巨大的蒙蔽人心的陷阱，使我们难以看到新的开始和可能性。

这并不是说，我们就不能有自己的观点和信念。只不过，在形成自己观点的时候，如果我们越多地考虑到事情所基于的宏观和微观因素，我们就越能更好地和世界交流，和自己的工作、渴望和内心的呼唤交流。这样的交流能培育更多的智慧与和谐，而不是更多的冲突、苦难和不安全感。

如今，在各个领域的个人和群体都拥有一个前所未有的、无比珍贵的机会和途径，不让我们被自己的破坏性情绪和不加反省的自我中心裹挟和蒙蔽，而是让"感官"觉醒，也让"理智"觉醒。这么做，也许能让我们觉醒并意识到在千万年的人类历史中，"不安"已经逐渐成了世界和人类社会的痼疾。在个人生活和国家间的交往中，我们可以采取实际的措施来展望和培育获得平衡与和谐的新的可能性——比如，意识到和尽力消除自己的破坏性倾向、偶尔的丑恶卑劣以及那些只会滋生内在和外在不安和孤立的心态；当我们对如何生活以及如何用自身的创造力去疗愈群体而做出属于当下的选择时，尽可能地启发和具身体现我们智慧与慈悲。

*

在这四本书里，通过探究"疾病"和"不安"的寓意，我们尝试从不同的角度来定义和理解人类不安的深层本质——从物质、教育和其他很多方面来看，我们在发达国家的生活比所谓"发展中国家"里的绝大多数人要好得多，比我们之前的任何一代人中的绝大多数要好得多。即便如此，为什么我们总是觉得生活不尽如人意，总是觉得要填补某种缺失才能让自己感觉完整？⊖如果更高的生活水准、更多的物质财富和丰足，甚至历史上最好的健康和医疗都不能够让我们觉得快乐、满足和内心平和，那么我们还需要什么？我们要怎样，才会对自己、对我们已经拥有的一切心怀感激？作为一个国家、一个世界和一个物种，我们能够从这种不满足中了知什么有价值的信息？我们要怎样，才能不再做自己的陌生人，才能全然地接受自己的本来样貌？我们要怎样，才能了知和具身体现我们的固有

⊖　Hans Rosling, *Factfulness*: *Ten Reasons We're Wrong About the World——And Why Things Are Better Than You Think*, Flatiron, New York, 2018; Steven Pinker: *Enlightenment Now*: *The Case for Reason, Science, Humanism, and Progress*, Viking, New York, 2018.

天性和我们作为人类的真正的潜质呢?

看一看自己的内心。我们可能会问,如果像我们在正念培育中反复看到的那样,此时此刻的我们已经是毫无疑问的本自具足了,那么作为社会个体的我们要怎样才能在当下感觉完整和快乐呢? 实际上,我们可以做的一件事是,不要总是生活在自己的头脑中,不要总是被裹挟在念头、渴望、情绪反应的波动和成瘾里,无论是对食物(肥胖症流行),还是为了麻痹痛苦(阿片样物质流行),或是其他什么东西。我们总是以为,这些试图改变现实的努力会带给我们一个更好的环境,让我们终于可以摆脱痛苦,获得快乐与平静。然而,在这无休止的,常常不顾一切地企图改变外部环境、情势和源头的努力中,我们最终会受困如囚徒。

往深一层想,我们可以看到自己那些习惯性的、有诱惑力的执念——它们实际上错误地寄托在了一个无比持久但同时又令人惊奇地无从把握的、顽固不化的"我"的意识上。这模糊的"实我"(solid-self)的感受,如果通过正念的视角来检视,会很容易发现是一种幻觉。我想在内心深处,我们对此都心知肚明。然而,这永久的、实际存在的"我"的意识和与之伴随的自我中心,似乎在不停地迷惑着我们,驱动着我们奔波追逐着那看似无尽的需求和欲望。当我们在这个"我究竟是谁"的谜团前觉醒时,即便只是瞬间，我们会发现那个自我建构的"我"比我们整体的存在要渺小得多。这一点，于个人，于国家，于社会都是同样的道理。而最终，这些洞见和随之而来的通达来自当下从我们自己身与心之间培育出的更多的亲密感和熟悉感，来自认识到我们以为的彼此分离和割裂的万物之间的相互联系，来自超越那种滋生幻觉的执念——我们可以为狭隘的利益而任意驱使天地万物。

实际上，通过当下的觉醒以及意识到我们和我们居住的世界根本别无二致，我们的整体性和彼此的相互依存可以在此时此地被印证。就像我们已经看到的，通过正念的系统性练习，有无数种方法可以培育和滋养这种觉醒，在建立对群体健康各个层面的更广泛共识和责任感方面，所有这些方法都同样有效。

*

通过正念练习和对内心深深的探询，我们变得越发熟悉和亲近那些可能是我们的不安和痛苦的根本源头，那些心中贪婪、仇恨和无觉知的根本源头以及它们作用于这个世界的诸多方式。也许，我们可以看到或者感受到，在某种程度上我们每一个人都可以用自己的方式更加有效地减少、消除和超越我们和他人的痛苦；在任何可能的情况下，向内和向外地，从根本上消除这些痛苦的根源。

也许，它使我们越来越清晰地看到，当我们身处的这个世界伤痕累累、动乱频发的时候，我们是不可能在自己的世界里完全拥有健康或和平的——而这个世界的大多数伤痛是由人类的作为直接或间接导致的，是人类强加给地球的；它是我们对彼此间联结的理解缺失以及人类变得"更聪明"之后依然存在的关爱缺失带来的主要后果。当然，这是人类的一种特有作为；但是，如果我们作为个人和社会愿意去做一些特定的内在功课，这种行为依然是可以修正的。假如我们能带着对彼此间的相互依存、深切关联、真实的需求和本性的更多的觉知来看到不同生活方式和作为的价值所在；换句话说，当由我们自己的贪婪、恐惧、仇恨和蒙昧构成的扭曲视角出现时，假如我们能够学着辨识它，而且不让它蒙蔽人性中更加深刻和健康的部分，即便是人类内心中特有的偏颇和狭隘也是可能改变的。所有的这一切都来自我们作为个人、国家和物种，愿意以觉知、慈悲和一定程度上的非本能反应去拜访和抱持我们所经受的痛苦和挣扎；让它们向我们倾诉，向我们揭示相互依存的新的维度，让我们更好地理解这些痛苦的根本源头，促使我们将自己的共情扩展到身边最亲近的人之外的群体中去。这意味着，世界上所有人都必须满足他们的基本需求，免于剥削、不公和来自他人的屈辱。或者说，这意味着，世界上所有人的基本人权都应该得到保护。我们知道令人悲哀的是，对于此时此刻这个星球上、在美国或美国以外的许多人来讲，并不是这样。

*

用"自身免疫性疾病"的比喻来描述我们人类对这个星球的影响，甚至对我们作为一个物种的健康和福祉带来的影响，算是恰如其分。另外一种说法是，我们人类不知为什么总是自讨苦吃。即便有着所有的聪慧，我们总是被我们不知不觉中在自己的道路上设置的障碍所绊倒。在这四本书中，我提到，我们在过去40年间的医学研究中学到的身心连接、正念和诚挚之心的潜在疗愈力量能够极大地运用到我们如何理解和应对这个国家和这个世界正在遭受的巨大不安上。这种不安的症状在我们每天的报纸、有线电视、广播节目和新闻推送中以一种惊人的方式被放大，挑战着我们的想象力，甚至有时候让我们怀疑自己是否精神正常。

就像探索正念作为一种冥想练习和存在方式所呈现的其他角度一样，探究正念和群体领域之间的关系并不是要去改变我们或者他人的观念，也不是为了证实这些观念。在我们的生活中培育更多的正念并不是说我们要跳入这种或那种意识形态和观念，无论它们在某些时候听起来是多么打动人。正念实际上为我们提供了一个机会，让我们时时刻刻从整体性的角度，为了我们自己，以全新的眼光去看待事物。它能够做的是向我们揭示，我们的观点以及所有的观点都仅仅是观点而已。带着这种认知，我们都能够如其所是地了知这些观点，而且有可能不被它们所挟持或者蒙蔽——无论是什么样的观点，即使我们有时会有意识地选定某种特定立场，紧紧地抓住不放，并且基于自己的信念来采取行动。在这个意义上，正念邀请你端详你自己内心的镜子，理解你自己的执念，探索那些还没有被看到的疗愈和探询的可能性，拓展我们看问题的思路，而不是在某些问题上掉入反射性的、基于政党派别立场的同意或反对[⊖]。这种"如其所是"地看待经验和现实的存在方式邀请我们一起改变看待问题的角度，去做一个意识转换的实验——在这个实验中，当你、我和所有人将心念带到"当下之境"（nowscape）的时候，我们的意识既可以像世界一样宽广无垠，同时又可以像这个身体里此时此刻的这口呼吸般亲密无间。作为一种正式的冥想练习、一种存在方式以及一种生活方式，这就是正念的精华所在和天赋所在。

　　说这些的目的也是要提醒我们，觉知并不是被动的。我们在任何时刻的内心活动和随之而来的任何东西都在影

　　⊖ 这里作者或指近些年美国日益严重的政治两极化和基于政党立场不同的社会割裂。——译者注

响着世界。当我们的行为出自存在和觉知时，它很可能会更智慧、更自由、更富有想象力和创造力、更富有关怀；同时这个行为本身也可以催化更多的智慧、慈悲以及对这个社会和对你自己心灵的疗愈。各个阶层和群体有意识地参与正念，即便以最不起眼的方式，都有可能带来真正的繁荣、人类创造力和潜能的真正复兴，以及我们作为一个物种和这个世界最根本的健康，因为我们都是世界这个整体的一分子。这，正在很多不同的领域以微小但非渺小的方式发生。复兴，已在路上。

　　我所说的这个世界会因我们所有人为它的福祉承担更多责任并且将更多的正念带到人群中去而受益，并不是指针对某个特定的问题开一个特定的药方，也无意事无巨细地描述我们正在面对的问题，去指责某个党派、个人、传统或某种思维方式，尽管在某些时刻我们会有反射性的冲动去这么做。相反，这里所说的是一种印象化的表达，如同印象派油画——只有当你退后一步，在一定距离外将它作为一个整体来端详而不是过分关注于一抹一画的时候，你才能够看到它的全貌和纵深。这种表达的本意也是一种富有爱意的启发性的邀请，邀请我们所有人用全新的方式看待和挑战我们最为看重的假设、依恋、恐惧和那些或许未经检验的立场和视角，并呼吁我们所有人开始用新的方式投放注意力。它还呼吁我们仔细地审视我们感知或了知事情的固有方式，或者自以为我们感知到或了知到某些事情的方式。这是一份邀请，邀请我们怀着正念，积极地检视我们形成个人观点的特别的过程，然后在我们的身份（我们认为自己是谁以及我们认同的是谁）和这些特有观点之间建立紧密的联系。[○]

这是一份邀请，邀请我们以新的隐喻来了解我们自己和在世界上的位置，以及致敬真实世界的实际复杂性；但同时不会忽略一个事实——在很大程度上，人类的大脑创造了，或者你可以说编织和激增了我们现在作为一个物种和一个国家所面对的很多问题；而这些问题，就像其他所有的问题一样，并不像我们的大脑以为的那样真实、持久且永远存在。这一见解本身就足以支持我们用全新和富有想象力的方式来应对那些常常看起来难于驾驭的情势和恨意。我们应当用阿尔伯特·爱因斯坦的两句名言来提醒自己：第一句是，"现实不过是一种幻觉，尽管它非常持久"；第二句是，"今天这个世界存在的问题无法被那些创造它们的思考所解决"。在我们直面多舛的人类境遇来培育正念时，这两句名言是值得我们记在心里的。

我们可以说，人类大脑编织了所谓的"真实世界"以及在了解"真实世界"和那个同样由大脑构建的所谓"永

○ 这里作者是指人们常常会因为自己给自己贴上的"身份"标签而产生并执着于某种立场或看法。——译者注

远的自我"时给自己设立的种种限制。如果我们检视和敏锐地觉知我们的大脑如何感知、理解和构想我们自己和我们所称的世界，很多这些加诸己身的、虚幻的画地为牢将会随着我们基于这种意识转换上的行动而消失。

具体的改变将来自我们在日常生活中的持续练习。这种希望仅仅通过强制推行某个我们笃信的"办法"或改革来解决或纠正所有问题的心态本身可能就是无益的，无论这样的努力看起来多么重要。在看待问题和存在的方式上，我们需要一种在全球范围内的疗愈。这就需要很多人（实际上是我们所有人）的广泛的意识转换，同时愿意如其所是地看待事物，并且以富有想象力的全新视角以及我们内在以及外在所能获得的所有资源和专业能力加以应对。不必寄希望于某个魅力无穷的领导人作为特别的"救世主"来"为我们做这件事"或者"给我们指明方向"，或许我们在作为一个物种的进化过程中已经到达这样一个阶段——我们人类需要超越由英雄式的、一呼百应的人物所掌控的历史，无论这些或伟大或邪恶的人们如何超乎凡人。我们需要找到途径来使这种责任和领导力更加分散，并贯彻一种合作精神，就像心脏、肝脏和大脑不会彼此打架以求主导整个有机系统，而是为一个无缝整体的福祉彼此协作，就像共同组成了一个健康人体的不计其数的细胞体那样。

面对那些或许可以被称作"普遍性压力"的、有着不同意思和内涵的"苦"（dukkha，请见《正念地活》）以及"苦"的深层根源，如果存在着一个解决人类物种目前困境的药方的话，那会是一个通用的、听起来也许奇怪的药方——那就是，每一个被我们作为一个物种和一个社会所面临的困境所触动的人，都会去培育更多的、作为一种实践和存在方式的正念；我们将正念优雅地、温和地带到我们的生活和工作的方方面面，不知道也不需要知道将会发生什么，无论我们是谁，无论我们的工作和我们的使命如何；我们各自尽力地、共同地修习它、呈现它，仿佛我们的生命和这个世界完全依赖于它。

我们在此时此刻选择如何生活和行动会给这个世界带来细微的影响——也许还有丰厚的收益，特别是如果这种选择背后的动机是整体性和符合道德伦理的，而且行为本身是智慧又富有慈悲心的。这样，群体的疗愈可以在没有僵化的控制或导向的前提下进行，通过许多不同的人和机构内部各自独立而又彼此依赖的主体和努力来实现；这些个人和机构有着多元且丰富的视角、目的和兴趣，但同时又有着一个普遍存在的、内在统一的、关乎世界更大福祉的利益点。这正是最良善的政治所推进和保护的。

当然，不是每个人都会尝试正念练习，无论是短期的或长期的。然而一点点地，就像这些年发生的那样，通过许多不大可能甚至无法想象的途径，那些选择这条通往澄明和智慧的道路的人在数量和影响力上都在成长着。对于接下来几百年的人类世代以及此刻的我们而言，我们手中握着一个无与伦比的机会——作为人类个体、国家以及一个物种去了解我们潜在的创造力和认清事物的能力，并将这些能力投入到服务于整体性、具有疗愈和包容的工作中去。我们可以将这些能力投入我们声称自己最渴望以及能够给我们最大安全感和幸福感的东西：公正、慈悲、公平、免于压迫的自由、全然和幸福生活的平等权利，以及和平、良善和爱——不仅仅是为我们自己和那些我们最为认同的人，也为了与我们在生命的孕育和延续上息息相关的芸芸众生。

我们正处在一个历史发展的独特时刻，一个重要的转折点。无论这个转折点是渐进的或激进的，还是两者皆是，我们所处的这个时代提供了一个可以获取的、可以用好每一次呼吸的独特机会。要这样做，只有一个办法；那就是当我们的生命在此时此刻以这样的面貌展现的时候，以身作则地践行我们最重要的价值观和我们对所谓最重要的事情的理解；即便在最小的范围内彼此分享、信任这样的具身体现，你也会把这个世界带向更多的智慧、健康和澄明。

这将会是一个了不得的实践。但是话说回来，对于我们每个人来说，对于我们这个不可思议而弥足珍贵的生命，还有什么更值得去做的呢？

第二章

我读了今天的新闻，哦，天哪！

　　我会浏览电视新闻，或者阅读报纸，或者如今我也会偶尔在手机上查新闻。这世界上各种力量的博弈真是一团乱麻。大脑和内心随时被痛苦及对痛苦的没完没了的、来自各种形式和角度的分析与观点的嘈杂声音所侵扰。并非国际事务、政治、经济、社会政策、刑事司法甚至历史领域专家的我们，又怎么能够掌握所发生事情的严重性和细节，以及其中任何一件事的终极意义呢？过去的一天里发生了什么，谁说了什么，谁做了什么，谁知道什么时候发生了什么而又有谁不知道，谁去了哪里，谁对什么做出了回应而又是怎么回应的……这种种的描述感觉就像倾泻而下的激流。昨天是这样的，明天也将会如此。请允许我提醒你，其中没有任何一种叙述能够反映实际所发生的事。它们是对实际发生的事情的再创作，被各种各样的限制束缚着；对于其中一些我们有所了解，但对于另外一些我们可能毫无头绪。当中的很多内容被专家权威扭曲，以方便他们获得或阻挠这样或那样的结果。当事实和观点之间的边界变得越来越模糊，而这些叙述总体上也已经被污染，那么即使我们只选择接受其中的一部分，澄清和明断这些事实与观点也变得愈发重要。事实上，有那么多相互矛盾、被称为"新闻"的叙述迫使我们生活在错误信息和有偏向的报道的泡泡里；我们经常做的不过是选择想和什么样的泡泡相关联或被什么样的泡泡所催眠，尽管有些泡泡看起来至少在原则上要比其他泡泡更多地关心第一修正案⊖以及报道的准确性和真实性。某天，我们亲眼看见，在这个自由之地和勇士之国，孩子被迫与他们的家人分离。尽管不道德，但依然是现实。我们会做这样的事。而事实上，纵观我们的历史，我们的政府，包括联邦最高法院曾经做过并且纵容过的可怕的行为。我们的历史并不完全像学校的历史书教给我们的那样充满着来自胜利者的叙述。普通民

⊖　这里是指美国宪法第一修正案中的新闻自由的部分。——译者注

众冒着极大的个人风险，一直在公开地抗议着不公。但是，这样的历史直到最近才在学校的教科书里出现。[○]

无论新闻是怎么出现在我们面前的，通过自己的明断和智慧的视角，我们可以从接收新闻的过程中收获很多。无论我们是否明白，我们正不断地在这永不停歇的、让我们轻易上瘾的片面信息的河流中建构着自己对世界的印象、看法和对正在发生的事情的理解。甚至当我们可能对某些事件感到义愤或被激怒的时候，这种建构依然在发生着；当然，这些事件取决于你是谁、你关心什么、你乐意听到什么以及你对什么避之不及。我们的眼睛蜻蜓点水般地从报纸或手机屏幕上滑过，用随机的细节和同样多的故事连载和分析填满我们的大脑；从中，我们形成的想法、反射性的情绪反应以及各种观点在不停地激增。在电视上看新闻或在收音机上听广播也会产生同样的效果。经过一段时间后，无论我们是如何接收新闻的，它都会成为一种稳定而又贫乏的"食粮"。因为，大多数的新闻不过是无数种形式的"苦"的描述罢了，其中仅有一鳞半爪能提振我们的精神。

实际上，其中有很多信息可以提振我们的精神，只不

○ H. Zinn and A. Arnove, *Voices of a People's History of the United States: 10th Anniversary Edition*, Seven Stories Press, New York, 2004, 2009. 也可参见Zinn Education Project (ZEP) 提供的美国历史课程信息。

过你得去发现它，然后仔细地倾听它。

新闻，每天不同；然而，每天、每周、每月甚至每年的新闻都有一个共同之处——它不过是新闻而已。总的来说，我们很难知道该怎样理解新闻、把握新闻以及回应新闻。它是如此具象，同时又如此空泛、与个人无关——至少，在它变得和自己息息相关之前。我们很难知道该想些什么，实际上发生了什么，谁的故事值得信任。至少，对我来说是困难的，非常困难。在基本事实之外（即便这些事实在这个时代以及大多数时代也常常遭遇粗暴的甚至荒谬的挑战），这几乎是不可能的。⊖

更为严重的是，我们密切关注的无休止的新闻流，包括很多时候从不同的、致力于传播错误信息来扰乱社会秩序的渠道直接搬来的内容，在这个或那个层面，以容易察觉或不易察觉的方式刺激着我们内心的思考，许多许多的思考。我们需要对此，包括它对我们的情绪、想法和不宣于口的猜测带来的潜藏的影响抱有更多的觉察。通过培育正念，我们能够看到，我们的想法最多也不过是人类多重智能（包括躯体、情绪、认知、本能、人际关系、社会）中的一种；最好将它抱持在觉知之中，并将其视作一种想法而不是事实。在觉知中我们能够发现，当浸淫在新

⊖　这里作者是指，在被各种新闻充斥的当下，除了一些基本事实，
　　个人很难了解其他任何事情的真相或做出判断。——译者注

闻之中，吸收着这些信息时，我们会伴随着强烈的情绪形成某些看法，有时是很坚定的看法。我们可以辨识在那一刻或之后的瞬间发生了什么。在面对无休止的新闻冲击的时候，觉知，可以作为一种有意识地保持清醒和镇定的方法，特别是当我们的良知和道德面临重大危机、被彻底撼动的时刻，比如当孩子和他们的老师在校园枪击事件中被杀害时——一种让人难以想象的但令人痛心的、日益普遍的事件，一种揭示我们社会深层病态的事件。

　　每天，新闻流轻易地激起我们心中巨大的焦虑和不安全感，以及愤怒和厌恶。在这样持续的"食粮"面前，身体因难以释放的紧张而收缩。而且，这淹没我们的汹涌的"新闻潮"，也会刺激无可救药的冷漠，或愤世嫉俗，或感到不知所措或产生无能感和变得抑郁消沉。你注意到了吗？

　　今天的头条新闻，将会是明天的旧闻。然而，无论我们选择哪一天，我们都是那一天所发生的、后来成了历史事件的参与者。只是，它不被称为历史，而被称为——活着。在这个时代，"历史"以越来越快的速度展现着，到了难以消化和无法理解的程度。

　　尽管新闻看起来遥远、无关个人，而且无所不包，我们依然能够通过如何"消费"它，通过如何把握它以及把握自己在打造新闻方面尽一点微薄之力，特别是如果我们选择在人类核心价值的基础上回应它，或者采取某种行动的时候。记住（见《觉醒：在日常生活中练习正念》中的"慈心冥想"一章）：当一个人的心念改变时，宇宙的整个晶格结构也在发生细微的改变。细微吗？是的。无足轻重吗？绝非如此。这看起来的"细微"，不一定就渺小或微不足道。它可能至关重要。接下来的后果可能会带来难以预料的深远影响。在这个年代，一个人拿着一部智能手机就可以拍摄会在全世界的社交媒体上被看到并且引起轰动的对峙。这是一种选择立场的新的方式，一种见证的新的方式。这样的参与成了一种政治行为，成了正在发展中的事件网络的一个节点和个人可能接触大众的一个新闻网络。在混沌科学中众所周知的是，在任何复杂多变以及非线性的系统中，比如天气、人类活动或者思考过程，即使最微小的变化和扰动都有可能带来重大的改变，有时候这一改变甚至发生在离源头非常遥远的地方。在天气领域，现在可能在更广泛的意义上，会将这个原则称作"蝴蝶效应"——据说在一个地区的一只蝴蝶翅膀的扇动，可能诱发若干天后在另一个地区的风暴。同样道理，像本系列前几本书提到的，你自己的身体或思想上的一个细小但深刻的改变假以时日可能会带来重要的疗愈。这同样可以在群体中发生。人类以及我们所珍视的所有东西都可能面临着岌岌可危的前景。而我们看到这种疗愈的迹象每天都在展现。

*

　　然而，你可能要问，面对排山倒海似的向我们涌来的海量新闻，我们怎么可能用正念和它们共处，负责任地加以应对？我们不断地被信息，包括错误信息、片面信息、带有偏见的信息、相互冲突的信息，以及所有问题的各个层面的无休无止的观点和论述淹没着；其中有一些明显来自网络机器人，也就是计算机程序——甚至不是人，尽管它们是由人编程的——这是一个我们的生活在不断地被算法和大数据入侵的信号。

　　从一个稍稍不同的角度看待这个问题，我们可能会说，无论我们的新闻来源是什么，我们的观点和视角都会变得十分狭隘。如果我们不相信的话，只需要去看一看那些不那么主流的媒体或者外国的新闻报道，特别是看看其他国家是怎么看待美国以及美国卷入的事件和场域的。

　　新闻实在是个复杂的系统！面对无休止的、对于事件近期和长期发展的不同描述，我们该如何理解并与它们共处呢？包括那些可能根本从来没有发生过的"事件"？我们该如何看待这个事实——那就是，在某种程度上，尽管我们忽略了这条信息流中的大部分，它依然深刻地影响着我们。它充斥在空气、环境和心境中。它会让我们筋疲力尽。它会令我们麻木迟钝。无论我们是否了知，无论我们是否喜欢，它能够渐渐侵蚀我们的尊严、我们的共情力和我们的诚实正直。用正念来预防出现这种状态的一种方法可能是去辨识那些似乎在信息流里不断自我重复的一般模式，而不被其中个别细节的泡沫和水花所迷惑，无论这些细节是多么有吸引力、让人疯狂或令人恐惧。

比如，我们可以问问，在无休止的新闻流里，有什么代表着、记录着我们这个国家或世界的健康与活力？问问自己做对了什么，而不仅仅是问自己做错了什么。同时，我们也必须问自己：在这些被我们接收的新闻里，有多少记录了我们这个国家和世界的紧张不安？有多少仅仅记录了社会疾病的表面症状而实际上掩盖了深层次的病态？

对此，虽然我们有许多不同的看法，但没有人知道确切的答案。显而易见的是，这里不存在所谓囊括一切的"正确观点"，不存在无所不知的唯一见解，不存在去看见、去了知、去理解所有事情的唯一途径；就像没有所谓唯一的方式去看待我们自己生活的内在之境——感官世界、内心世界和身体感受，并和它们相处。我们通过修习《觉醒：在日常生活中练习正念》中描述的那些正念练习所获得的一手经验来探寻这些领域；无论在某些时刻做这样的练习是如何困难，我们都希望你继续自律地在生活中培育着它。因为我们所有内在和外在的体验，都是人类体系复杂性和多变性的一种反映；最终，也是人的头脑和心灵在行动上和在令人悲哀的、过于频繁的冲突中产生的结果，其中包括我们和自己的冲突。

在高度多元化的形势下，总会有少数人宁愿为了自己或团体的利益不知羞耻地、毫不隐讳地去挑战、打破或者试图重写法律。在任何一个政治环境中，这种情况从未缺席过。于是，便有了所有那些被极端边缘化的人——他们的权利被剥夺，无望地依靠那些他们没有任何话语权或者控制的力量来发慈悲——直到像在南非以及无数其他的地方那样，他们突然间让这个世界大吃一惊，而且以某种不诉诸武力的方式成功地实现了在这之前似乎不可企及的东西。⊖

同时，还有被我称作是这个国家中的"大多数"的这些人。我们这些人或许对如何使用细微但重要的方式来赋予个人权力有些许概念：我们努力安稳地、体面地经营着每一天，经营着我们的生活；我们工作，照顾家庭；我们努力去了解在这个令人眼花缭乱的、瞬息万变的时代发生了什么，有哪些重要的事情需要掌握；我们真诚地关心着这个世界的健康和它的痛苦。与此同时，我们也感受、体验和了知到，自己的生活被世界政治、经济、心理、环境和精神领域上所发生的事情深刻地影响着、挑战着——因

⊖　尽管纳尔逊·曼德拉的历史遗产远远没有达到最初在1994年的南非以不可思议的和平方式结束种族隔离时的那份乐观期待。而四分之一的南非人也生活在极度贫困的状态下，执政的非洲人国民大会（ANC，自1994年以来南非共和国的执政党）因腐败而变得千疮百孔。

为我们沉浸其中，因为我们是它的一部分，因为我们与之密不可分。受苦（suffer）这个词源自拉丁语sufferre，意思是担负、忍耐。毋庸置疑地，我们在内心中担负着这个世界，在一定程度上也将它担负在自己的肩膀上。因此，我们受苦；有时，这是难以忍受的痛苦。

当我们不仅仅直接地通过感官来体验外在世界，还在很大程度上间接地通过新闻和宏观的政治、经济、社会以及最主要的科技发展来影响和决定我们的生活时，我们该如何找到外在体验和与其亲密交织、不可分割的内在世界和内在之境之间的平衡？我们是否应该将自己对外部世界的暴露减少到最小，因为无论我们是否关注这个世界，它都会不可避免地影响我们的生活？我们是否应该给它更多的关注？我们是否应该改变关注的方式？这些是生活在这个世界上而不像某些传统社会中的僧侣那样完全抛弃"世俗生活"的我们所要面对的挑战。

然而，偶尔抛开新闻，定期地放下所有的信息略作休息，可以让人感觉非常神清气爽。有些人把这称为"新闻断食"。安德鲁·韦尔（Andrew Weil）博士，亚利桑那大学医学院整合医学的开创者，把这种做法推荐给了他的病人们。我对此的经验是，当我从一个为期10天的静修营或者野地露营归来，即便期间发生了重大事件，与我而言也没有任何改变。多年前，当我在参加一个为期6周的静修营时，我错过了对于阿富汗战争的整轮新闻报道。从某个角度来看，可以说我没有错过任何事情。如果将这个思路放在历史长河里来看，你可能会更加明白我的意思。

　　当这个世界变得越来越小也越来越充满争议的时候，18世纪日本隐士诗人良宽（Ryokan）的一句话不停浮现在我的脑海中："世间无新事。"如果能有一段时间没有任何的"新事"该是多么美好啊，又是多么自由啊。如今没有人知道，在良宽的时代发生了哪些国家大事和其他新闻事件；也许除了少数的对那一时代的日本感兴趣的历史学家，根本没有人关心。但是，生活得像隐士，去镇上乞食，在老人们的责骂与嘲笑下和村里孩子们一起玩耍的良宽，从来不试图做出任何流芳百世的事情，但这些都会因他的诗歌和智慧在之后的几个世纪被世界各地的人们所铭记和推崇。以下是他一首诗歌的全文。

> 家住深林里；
>
> 年年长碧萝。
>
> 世间无新事，
>
> 唯有采樵歌。
>
> 当日补衲衣。
>
> 对月读伽陀。
>
> 无以更诸友。
>
> 见意不在多。

不要再追逐这么多的事情……这是一个值得以某种方式认真对待的建议。至于以什么样的方式，要我们自己来决定：这取决于我们是怎样的人，我们最关爱的是什么，以及我们对自己有多少了解。

回想900年前鲁米（Rumi）的话（请见《正念地活》第一部分）：

> 我们所听到的新闻
> 充满了对未来的哀伤，
> 但这里真正的新闻是
> 根本没有新闻。

还有威廉·卡洛斯·威廉姆斯（William Carlos Williams）打动人心的忠告：

> 新闻
> 在诗中无从寻觅，
> 然而
> 人们每天悲惨地死去，
> 因为缺了，
> 在诗中被找到的东西。

法国人有句谚语，"Plus ça change, plus c'est la même

chose"，意思是历史不过是一再地重复。这种说法有它的道理。然而，当我们将觉知带到此刻、带到当下，这一刻就明显地因我们的这一举动而变得不同了。仅仅"仗义执言"就会改变所有事情。这，就是命名的力量。我们为事情发声；我们带着觉知，选择一个道德立场，一个伦理立场，遵循自己的原则，真实地表现自己；我们不勉强任何事，但即便在面对难以抵挡的有形压力、社会逼迫或者个人恐惧时，依旧直言以对，不会退缩逃避。

仅仅"仗义执言"就可以改变所有的事情。甘地（Gandhi）知道。马丁·路德·金（Martin Luther King）知道。圣女贞德（Joan of Are）知道。他们都曾以自己的信念挑战了强权，并为此付出了生命的代价，但他们的事业得以星火燎原。他们没有"追逐太多的事情"，但是他们对自己所倡议和支持的事业了然于心。他们的内心和头脑对此也有同样的了知。而那些不计其数的、常常是默默无闻地在历史长河中塑造和改变了世界的人，也是如此。

你不必因为指出不公或苦难，或者在权势面前敢于直言而放弃自己的生命。就像以上这几位毫无疑问也在某些方面存在缺陷一样，无论"完美"的含义如何，作为一个人，你不需要变得完美才能用道德立场来面对社会不公以及它身后的势力，并且说出你的真相。只要作为一个人，就够了。当然，如果我们希望真诚地面对自己以及我们当下所处的环境，正直和诚实是必需的。当带着更加开放的觉知来"发声"成为越来越多的人的一种生活方式的时候，这个世界的改变会越来越大——因为，世界本身就是我们。但是这样的改变实际上往往需要一个漫长而缓慢的过程，需要几代人的努力。然而，偶然间，一个之前从未被预见到的拐点会突然到来。然后，事情开始飞速地转变、旋转、正交，而且越来越快。

即便如此，我们也不能指望这个拐点会在不久的将来出现。我们需要极大的耐心和宽容，不在世间的痛苦面前转过身去，亦不会被这强烈的痛苦所淹没或者摧毁。我们需要极大的耐心和宽容，不要认为仅仅通过在我们视为问题的事情上砸钱，像在政界常常发生的那样用钱去购买影响力或忠诚，或者通过将我们自己的价值观强加在别人身上，我们就会像变魔术似的解决或纠正所有的事情。我们个人获得内心的澄明和平和是不容易的，于社会而言更是如此。在某种程度上，我们需要持续地培育这些可以滋养澄明、平和、无私和友善的、属于心念和关注力的品质；尽管从另外一个角度来讲，耐心和宽容本来就是我们的一部分。当我们身处当下，而实际上也只有在当下，这些品质会完全为我们所有。同时，我们需要辨识自己的种种冲动——自视高尚、傲慢无礼、排斥异己、好斗、强势或冷漠，从而不被它们所挟持，也不会讽刺地误伤自己。

在内在世界里真实的存在，于外在世界也是真实的。平和也好，心思、看法或者价值观的改变也好，像农夫诗人温德尔·贝瑞（Wendell Berry）说的，都在于实践。正如他所说，"若缺乏实践，心思或价值观的一次改变也不过是又一次被动地挥霍生命，又一次毫无意义的放纵罢了"。然而，这是一种需要我们自己来摸索的实践；因为，并没有现成的模式告诉我们该怎么做。

践行正念没有唯一正确的方法，就如同没有唯一正确的方法去冥想、去爱。相信我们自己的智力，相信我们看清事情真实样貌的能力，而不是被那些来自狭隘和刻板的内心陷阱发出的召唤所蒙蔽——只沉迷于最大限度地满足自己的利益或者欢愉（我们称之为"贪婪"）；陷溺于对自己不喜欢、不想要或不尊重的人和事的厌恶（我们称之为"憎恨"）；忘记我们究其本质到底是谁、是什么，别人是谁、是什么，以及我们整个群体是什么（我们称之为"虚妄""无知"或"不觉知"）。无论与那些影响世界的重要力量相比，我们的生命和能量场看起来是如何渺小，这样的"相信"也能让我们带来重要的、关键性的改变。当我们通过练习、通过这种内在的培育开放自己的心灵时，我们就可以成为彼此的榜样，彼此激励；在任何我们感兴趣的行动场域里，强化我们的临在以及变革和疗愈的潜力。

事情会发生改变，它并不总是"一再地重复"。特别是当你有意识地以觉醒和保持觉醒来改变故事的走向，时时提醒自己什么是最重要的，并和他人分享你的美好以及同时意识到和分享他人的美好时，无论彼此的美好多么不同，无论你如何在自己的舒适区里或者有时远离舒适区去追求这种美好，事情都会变得不同。正直和善良的作为会激励他人内心的正直与善良。在世界的各个角落，有无数在骨子里呈现出的良善、人道主义和重要的项目课题正以或微小或宏大的方式进行着。每一份奉献，无论多么微小，都像一面镜子或一座灯塔，映照着自己和其他个体同样友善和智慧的给予，映照着来自四面八方的光亮。

第三章

提醒自己，自视高尚于事无补

　　我发现，即使我有意识地来培育内心的平静和涵容来面对自己对某些事情的负面看法，只要一想到那些世界上我不喜欢的事情，特别是当它们出自人类的作为或者不作为的时候，陷入一种自以为的高尚和愤怒的情绪中是一件非常容易的事情。我发现，我会把一些实际上远远超越少数坏蛋个人作为的事情"个人化"，虽然有些人确实会在一件事情中不断地扮演着各种各样的、有时甚至是十分恶劣的角色。比如，我意识到，那些赤裸裸的不公、社会不平等和对不计其数的人们以及自然资源的剥削常常被语言的滥用和败坏所掩盖，对真相的了解由于文字本身成了一种云山雾罩的官方辞令而变得困难重重。我意识到，无休止的战争带来了无尽伤痛，但这些战争的发动只不过是以罪恶的手段来达到不可告人的目的。我意识到，那些处于不同权位、承担不同责任的人常常自愿公开撒谎、异化、编造、逼迫、操弄、否认、掩盖、收买忠心和合理化他们所做的任何事情，为达到可疑的目的而不择手段。我还意识到，权力、财富和影响力日益集中在少数人和跨国公司巨头手里，而他们常常表现得就仿佛自己在权力、发展和金钱方面的利益可以凌驾于其他所有人的利益之上，甚至凌驾于法律之上。以上，不过是少数的几个例子。

　　然后我想起，即便所有这些在某种程度上是真的，但我要强调它们在某种程度上通常是猜测的或者大部分是无法确认的，而我这种自认为高尚的态度至少存在两个问题：自我的部分和高尚的部分。

　　我注意到，在面对龙卷风或者飓风的时候，我从不会自视高尚。我注意到，在水灾或者自然引起的森林大火或地震造成的人员伤亡、毁坏和损失面前，我从不会自视高尚，即使这些灾害会夺走大量的生命，而且让那些存活下来的人在清醒之后经受排山倒海般的痛苦。是的，在这些事情发生的时候，会出现种种情绪，包括深切的悲伤、共情、慈悲心以及一种以某种方式提供帮助的强烈渴望。然而，其中并没有自以为是的高尚。为什么？我猜，是因为没有任何人能够让我指责或者揣测它背后存在着任何人的动机。地震就是会发生，就像海啸、飓风和其他"自然灾害"一样。⊖

然而，一旦它背后有个"他们"，就像"他们应该"或者"他们不应该"，"他们怎么能"或者"他们为什么不"——只要背后有一种力量感，加上可能存在的过失、无知、贪婪、渎职或欺瞒，这种愤怒、自视高尚、归咎于"他们"、将他们视作问题甚至非人化的冲动就会油然而生，并且充斥着我的内心。当我觉得"我"是正确的、我的观点和看法是建立在事实基础上的、"我"知道发生了什么而且可以提供无数证据来证明自己立场的时候，这种冲动尤为强烈。当我"知道""他们"在规避法律（即使没有违反法律）的时候，在逐渐废除环境保护政策的时候，在肆意践踏宪法的时候，在欺凌或者收买其他国家的时候，或者在故意地、制度化地集中不正当的权力、影响力和财富的时候，这种冲动甚至会更加明显。而我这自以为是的高尚相当地一视同仁——它会谴责任何文化中、任何问题的任何层面所涉及的个体，无论远近，即便我从未

⊖　当然，我们现在知道人类活动引起的全球变暖是产生世界上越来越频繁和越来越严重的风暴、海平面上升带来的水灾，以及森林大火的直接原因。

见过他们，对他们的文化和习俗一无所知。

我这种自以为是的高尚还存在另外一个问题。我所反对的所有事情都是自古有之。我在本章最后提到的诗歌的作者——庄周，所著的一本文集里浏览中国古代史概要的时候注意到，在大约公元前21世纪，一个叫作禹的人被描述为"道德高尚的、夏朝的建立者"；而在400年之后，大约公元前11世纪，一个叫作纣的人被描述为"道德沦丧的、商朝的终结者"。历史一直存在着这样的循环：相对的宁静和巨大的混乱；相对的安全和普遍的危险，在公共事务上相对的诚实和公然的欺骗，相对的良善和不争的恶行。我们可以把这些当成个体的行为，指责特定的人群，也可以理解成对自己的针对；然而，所有这一切要复杂得多。也许我们每个人都是某个梦中电影的参与者，只有当我们意识到推动这个梦继续的正是我们自己，而此刻最重要的是从中醒来的时候，这个梦才会结束。然后，其中所有可怕的角色才会就此消失不见，而不是继续投入地延续这个梦，给它找到一个出口。

我们想要在那个常见的、"或支持或反对"的二元困境中选边站，从而继续重复循环这个幻境[⊖]，并争夺最大的

⊖ 英文原文中这里使用了"dream sequence"的说法，这是电影电视制作的一个行话，意指在描述故事主线的过程中插入一个主线之外的短暂的插曲，通常表现的方式包括梦境、闪回、想象、幻境等。为方便读者理解，这里译者有意识地选择将其翻译为"幻境"，而不是直译为"梦序"。——译者注

短期利益吗？即使这意味着继续待在这个幻境中，或迟或早地又一次遭遇像希特勒这样的"道德沦丧的终结者"，以及其他代表着恐怖与邪恶的人物？即使这意味着可能再次遭遇面目不清的群体性愚昧[⊖]，而这种愚昧能够通过吸引和刺激脆弱且不满的民众心中的恐惧、仇恨和贪婪来激发和传播道德败坏的病毒？或者，我们希望觉醒，进而减少甚至干脆停止这些循环往复——通过将一种对这个幻境的截然不同的理解角度以及社会焦虑不安的源头带到我们的意识中来；通过找到方法来促进更健康的动态平衡[⊖]，应对以自我为中心、贪婪和嗔怒的冲动并加以约束——这些冲动驱使着我们作为个人和公共机构的诸多作为，而这些行为或迟或早地、一次次地诱使我们回到混沌和昏沉之中。抑或，重复幻境和从幻境中醒来并不是非此即彼的问题，而是两者兼而有之的问题，因为它们实际上并不是世界上两个截然不同的状态，而是颇为吊诡地，你中有我，我中有你，浑然一体？

　　你看到这个悖论了吧？自视高尚的心态于事无补，无论它多么值得理解，无论它针对什么议题或者选择站到了

⊖　这里"面目不清的群体性愚昧"是指，当人们集体陷入缺乏觉察的混沌和愚昧中的时候，每个人都是参与者，群体性的愚昧并没有一个清晰的、个人的面貌。——译者注

⊖　原文为dynamic equilibrium，这里是指社会在不断的变化中依然保持一种相对平衡。——译者注

哪一边。它之所以没有什么帮助，是因为抱着这种心态的人们有一种假设，那就是事情"应该"是不一样的。然而真相是，事情就是以现在的样子发生了。在当下，也仅仅在当下，这就是事情的本来面目。它与"应该"或"不应该"没有关系。我们对事情的评判有可能会阻碍我们以更富有想象力和更接近真相的方式去看待整个情势并与之互动。而这样的方式有可能会让我们带来真正的变化，能够将钟形曲线[⊖]挪动一点点，促进自我意识的重大转变；即便无法马上停止疯狂和不公，至少能够加以辨识，而不是仅仅去改变幻境中的角色，却依然保留着不加反省的、被人误解的、荒唐脚本。后者相当于在"泰坦尼克"号上重新摆放甲板椅，然后在轮船沉没之后再建一艘"泰坦尼克"号，再接着重新摆放甲板上的躺椅[⊖]。

我们迫切需要去学习如何信任自己对事情的直接体验，学习鼓足勇气去坚持自己那些建立在明智的判断和清醒的认识之上的信念。也许我们需要教会自己，同时也让

⊖　原文为bell-shaped curve，这里是指作者在描述正念对社会公共利益的影响时，常用的一个说法，即"将人性的钟形曲线移向更健康、更幸福、更智慧的方向"。——译者注

⊖　这里作者的意思是，如果我们对自己在事件中扮演的角色缺乏觉察，不应对核心问题（"泰坦尼克"号的悲剧为什么会发生），而只是一味地企图改变事情的走向，那只是做无用功而已——就好比重建一艘一模一样的"泰坦尼克"号，然后照着老样子摆放躺椅。——译者注。

世界教会我们如何安住在一种勇敢的坦诚之中，去感知表象和错误信息的面纱背后是什么、我们的盲目和妄念以外是什么，以及这种将所有事物都看成非黑即白、非好即坏、与事情的层次感相脱节的倾向以外又是什么。

　　然而，在做所有这些事的同时，我们依然需要在我们的所看和所感中安顿下来。我们依然要用自身的感受来引领我们的行为，感受自己要怎样做才能给这个世界带来真正的改变，而不至于陷入狭隘的、建立在恐惧上的自我以及它带来的所有问题之中，或者陷入自以为是的高尚——自认为自己比其他人更加有道德感、更加纯洁、更加有觉悟、没有任何罪恶或者污点，而且只有自己才知道什么是真相。我们越是这样看或这样想，我们就越有可能相信这所有的自以为是。然后，它就会成为另外一个具象的看法◯，以及一个通往我们向他人倡导的并声称自己倚仗和享受着的真正的自由、诚实和道德的障碍。你可以感觉一下这样的想法有多么危险，特别是当我们浑然不觉的时候。因为无论大家在一件事情上选择站在哪一种立场，每个人可能都会有一种相通的感受——"我是对的，他们是错的。""我知道什么是对的，但他们不知道。""他们有什么毛病？"接着，我们就开始归因于动机。

◯ 这里作者是说这些自以为是的想法不会仅仅停留在想法的层面，而会被给予具体的内容或者采取实际的行动。——译者注

那么，当你认为自己是正确的时候，你就是正确的吗？当你认为他们错了的时候，他们就错了吗？崇山禅师曾经说过："一开口，你就错了。"即便如此，我们大家还是得开口说话。有时候，我们还是得采取行动，即便要面对复杂性和不确定性——它们本来就是现实中不可缺少的一部分。我们能怎么做？"开口便错"（Koan，见《正念疗愈的力量》）是一个很有价值的沉思练习，也是一种有价值的修习。我们能否与"不了知"共处？我们能否超越那些下意识的、盲目的、条件反射式的思考所建构的藩篱，以及痛苦情绪——特别是恐惧的控制，同时开始觉察到一些新的、大胆的、富有想象力和疗愈力的视角？我们能否找到方法来呈现良善——一种真正的内在和外在的力量，特别是在面临危机和挑战的时刻，同时放下那具有侵蚀力和破坏力的自视高尚？

仅仅用某种方式来思考问题可能引发自以为是带来的愤怒，而以不同的方式来考虑同一个问题则可能开启通向具有想象力、创造力、心灵开放以及正念和真心诚意作为的道路。

但是，所谓"自我"源于自身的建构；即便事实是清楚的，我们在面对那些可能触发自以为是的情形时常常不太清楚该如何应对。无论他们是什么人，我们又是什么人，身处愤怒中的"我们"也许和"阴险狡诈"的他们一样愚昧无知。在你内心深处的某个角落，你，难道不是已经知道了吗？或许，我们需要一种更好、更智慧、更容易联结彼此，以及不那么二元对立的方式来看问题；一种不会那么迅速地将"我们"和"他们"，或者这种区分的"近亲"（善与恶）对立起来的方式。或许，尽管我们心里明白，体内的这种冲动有时会强大到搅动诸多情绪、难以抑制，但我们依然能够看见它，将它抱持在温柔的觉知之中。那么也许，只是也许，我们能够找到不被自己的念头和感受撕扯的方法，用智慧和勇敢的回应将事情推向一个疗愈的方向，由不安和不平衡转向更多的轻松、平衡与和谐。一言以蔽之，这是孕育在正念和慈爱之中的智慧和慈悲的一种政治。这意味着一种对社会群体的真正的关心、保护和尊重，一种对社会大多数而不是极少数的利益的承诺，去相信"观之以明"是通向真正的安全以及长久的和谐与平衡的道路。

*

方舟而济于河，
有虚舡来触舟，
虽有惼心之人不怒。
有一人在其上，
则呼张歙之。

一呼而不闻，

再呼而不闻，

于是三呼邪，

则必以恶声随之。

向也不怒而今也怒，

向也虚而今也实。

人能虚己以游世，

其孰能害之！

——庄子（公元前3世纪）

第四章

来自医学界的教训

　　就算掌握了关于生理学和疾病的所有知识，在此基础上，医学治愈的手段依然屈指可数。社会群体领域拥有的治愈和快速修复的手段就更少了。我们发现了这个世界，居住在这个世界，也在影响着这个世界，并且意识到自己对事情的理解和对结果的影响力往往是有限的；有时，这会令我们自惭形秽。但是就像我们在医学中发现的那样，当内在和外在的资源被全方位地运用起来，尤其是在人类头脑和心灵层面以更多的"无我"和多维度的视角如其所是地应对事物的本来面目时，深度的疗愈未必不可能发生。同样的疗愈在社会群体中也是有可能的。群体的疾病也可以以疗愈和变革，而不仅仅是修复和治愈的手段来应对，特别是当这些修复手段可能会对"病人"[⊖]造成潜在的危害，并对愈合的潜力造成潜在的伤害时。

这正是世界各国议会的正念运动所期望达成的。当然，在相对意义上来讲，它可以被看作我们所说的一种"自上而下的思路"。同时，一种正念的群体动员也更加广泛地在世界范围内的社群中进行着；在美国，则是通过类似于"Me Too"运动[⊜]、"Black Lives Matter"运动[⊜]以及很多其他的群体行为进行的。如果我们都是一个国家里的细胞或者这个更大的星球主体里的细胞，那么我们每一个细胞的健康都应该被最大化，每一个人的健康和根本利益都应该被满足、被承认、被考量。如同冥想练习，这很简单，但并非易事。

⊖　这里"病人"不是指个体病患，而是遭受苦痛的社会群体。——译者注

⊜　"Me Too"运动是于2017年在美国发起的一场自下而上的反性骚扰社会运动。这个运动呼吁所有曾遭受性侵犯和性骚扰的女性挺身而出说出她们的惨痛经历，并在社交媒体上贴文附上标签，以唤起社会的关注。——译者注

⊜　"Black Lives Matter"运动，于2013年起始于非裔美国人社区，它主要抗议针对非裔美国人的暴力和系统性歧视，尤其是黑人在暴力执法和美国刑事司法系统中遭遇的、广泛存在的种族歧视。——译者注

*

　　我们还不清楚自下而上和自上而下的社会运动之间可能的互动和合作会遭遇什么样的局限。但是，这个世界正在渴求着以这样具有包容力的、以正念为基础的尝试来疗愈我们的社会和这个世界。因为它是如此有效、如此具有变革的潜能——即使一点点的正念都会有效地消融和减少在化解敌意、冲突和棘手问题的道路上所遇到的障碍。这些问题在过去的千年间不断地阻碍着、困扰着人类社会，包括普遍存在的对女性的物化和苛待。这样的疗愈对于如今的世界至关重要——这个彼此息息相关的世界被严重地污染，资源受到威胁，环境备受压力，无休止的战争、冲突、恐怖主义和种族屠杀带来了流血，并且导致了大规模移民，这一切的"慢性疾病"在威胁着这个世界最核心的健康和福祉。在过去的40年间，美国人对自己的健康和幸福的了解、提升和维护在一代人之前是无法想象的：那个时候，你只能接受医生告诉你的话，永远都不能质疑他或她的判断（而那个时候女性医生也凤毛麟角）；那个时候，普遍的观念是，病人只是医疗的被动接受者，只需要听"医生们的命令"就好；那个时候，向一个病人隐瞒他的癌症诊断而只告诉他的家人是很常见的操作——其背后的考量是，告诉病人他的诊断只会没必要地让他感到难过。如今，我们有了《病人权利法案》来禁止这种居高临下的妨害，保护病人的尊严，同时也保护医患关系的神圣性和保密性。这并不是说，尊严、神圣性和保密性不会常常在医学界被打折扣，特别是在当前诊疗时间紧张、诉讼之风盛行的医疗气氛下，再加上医药公司和其他特殊利益集团对医学界的重要影响，各种各样的"市场压力"迫使医生们在越来越短的时间里接待越来越多的病人，令医生和病人都有诸多的抱怨和不满。医学界自身备受折磨，急需根本的疗愈。

　　尽管如此，也许在这些施加影响的种种势力本身都没有意识到的情况下，一场非同凡响的变革终究在它们内部发生了：医学界的文化开始转向一个更加以病人和医患关系为中心的、更具有参与性的方向。在整合医学的实践和大框架下，一般的身心医学，尤其是以正念为基础的医疗策略在过去的十多年里一直是这一文化变革的先锋。然而最终，所有这些关于医疗的名号[⊖]都应该被抛弃。最后，只有一种医疗：好的医疗。而它，对于所有人来说都应该是尽可能好的。

　　这种医学界激进的转向会伤害到高质量的医疗吗？当然不会。尽管在过去"医生至上"的年代，这样的转向

　　⊖　这里是指"整合医学""传统医学""身心医学"等不同的医疗
　　　　模式和医疗文化。——译者注

会被看成对医生权威和地位的侵蚀，并对医疗护理带来伤害。但恰恰相反，这种医学界文化及其实践方式的改变会极大地加强病人和病人家属对于医疗的选择和护理质量。这也会让医生们更满意，因为现在他们可以与医疗团队其他训练有素的成员——比如护士、社会工作者、物理治疗师、心理学家、职能治疗师和营养师一起与他们的病人并肩作战，而不总是作为主要的权威人物，身处在一种孤立的关系中。

实际上，尽管医学和卫生保健领域的问题层出不穷，医疗行业在迈向一个更加以患者为中心、更具有参与性的方向上还是取得了很大的进展——在这里，病人和医生以及医疗团队都有他们自己的工作和角色；在这里，理想状况下，各方之间充分、诚实的交流和妥协会随着事情的发展做出富有创造力的变化。在这个模式下，每个人（包括病人，特别是病人）都努力地将处于任何年龄和人生阶段的病人的健康、幸福和安适度尽可能地提升到更高的水平，直到生命的最后一刻。目前，有替代性的治疗观点和路径被不断增加的、有可信度的研究所支持，正得到前所未有的欢迎。当越来越多受到教育的民众看到标准医学在应对健康危机时的左支右绌时，他们会转向不一样的、通常是多维度的视角；而更传统和更整合的治疗方式之间可能的合作也会因此被看到、被尽可能地最大化。当全国各地的医疗中心里越来越多的富有想象力和爱心的临床工作者对此表现出兴趣和热情时，这样的医疗思路就逐渐作为选修科目进入了全国医学院的标准课程安排。我们可以说，医院本身正在成为一个更加热情、更为友好的场域。

在"顾客需求"这一长期存在的驱动力作用下，这样的深刻变革即使在医疗保健系统遭遇危机的情况下也能在一代人的时间跨度内改变医学界的面貌。在医学场景中，被卷入利益冲突会严重地损害一个医生在他的病人身上做出适当判断的能力。这就是为什么希波克拉底誓词里明确地写道，医生在这里对病人需求的服务高于其他任何的牵扯、考量和利益，尤其是个人利益。呈现和保护与那些受苦的人之间无私的关系是医学的核心和神圣的职责，是每一个年轻医生都应该敬奉的誓言。从"primum non nocere…"[⊖]开始："首先，不伤害。"

誓词，就是神圣的誓言。如果我们代之以诚，就像誓词本该被对待的那样，它会给我们值得信任的提醒和一条顺畅的路径，让我们在面对生命中巨大的障碍时，依然与那充满意义和美好愿景的生活中最重要的东西保持一致并加以呈现。它将我们带回到自己的内心，提醒我们在生命

⊖ 这是一句古老的拉丁语医学箴言，常被写入世界各国医生誓词之中，堪称医学界所共享的、跨越了语言壁垒的职业自律法则。——编者注

的最终和最初时刻，什么是值得我们拥抱、值得我们爱的东西。这不是一件小事。那对你来说会是什么？

就像医学界人们学到的那样，要恰当地治疗病人，我们在关注和了解疾病的同时必须要关注和了解健康。因此，作为社会群体的细胞，我们也需要从社会健康的一面着手，而不仅仅是对社会冲突的爆发或者会造成社会动荡的明显威胁做出反应。我们也不应该总是将冲突的持续爆发当成一个不去关注社会真正需求的借口，而将我们的资源从这种关注中抽离出来。同时，就像我们在自己的生活中不断培育更多的正念所要做的那样，在民主参与群体事务的时候，同样重要的是，我们能够认识到自己和他人有许多能量，源于贪婪、仇恨、恐惧，或者仅仅忽视一个局势的重要方面，因而对一个健康、和谐的团体构成持续的危险，无论我们所说的团体是一个家庭、一个社区、一个国家，还是这个星球上的所有人类。为了不被这些社会不安的传染媒介严重地感染，我们需要保持临在，并在已有的健康之中安顿身心，同时对自己和他人内心的阴暗面保有全然的觉知。我们可以把这个叫作"在政治领域实践预防医学"。

但你可能会问，我们该怎样做？我们要怎么样才能到达那里？

很简单。没有一个所谓的"那里"让我们去到达。

"自在"已经在这里了，就在不安之下！平衡已经在这里了，就在失衡之中！光明已经在这里了，就在阴影背后！我们需要通过对正念的持续培育来记住这一点、实现这一点。换句话说，去实践它和去牢记它同等重要。这种社会不安本身只是一种表象，尽管如爱因斯坦所说，它是一种顽固的、伴随着严重且非常真实的后果的表象。在某些时刻或某些年份，我们对此的感受总是愈发深刻。而有些人常常仅仅因为贫困、种族和性别，就比其他人更多地感受到了这种不安带来的伤害。但即便如此，这些真实的片段也不是故事的全貌。我们不需要找到自己的良善来重新获得平衡，我们只需要记住它们——再一次地和它们连接，同时在我们的行为上呈现它们。

简单？是的。容易？未必。

最终同时也是最根本的在于，自在（ease）是基质，是我们作为个人、作为一种文化、作为一个世界存在的根基。我们有时并不了解它，但是我们能够恢复它、发掘它，因为它已经在那里了。无论我们谈论个人的机体、美国的机体，或者世界作为一个机体、一个实际上完整无缺的有机整体，这个基质都深植在我们的本性之中，在不安和自在、疾病和健康的共舞之中。对于我们这个物种而言，没有什么比发现它更迫切、更重要的了。一切都难以预料。所幸的是，"自在"，这个完整的存在，就像我们一直以来看到的那样，就在我们眼皮子底下。它一向如此。

*

如果一个基本事实是某种不安妨碍了内在的"健康"，那么无论它在表面上看起来是多么复杂，无论它会牵扯出多少种不同的观点，我们都需要对这种"疾病"做出一致的诊断，然后探索合适的"治疗方案"。倘若误诊了，那么我们所有为处理和减轻这种不安的源头以及它造成的痛苦而付出的努力都会付之流水。我们也更容易被自己的恐惧、不安全感和不满所煽动，而这些情绪会被那些根本上怀揣着自私自利的计划和有害的意识形态的团体所鼓励、支持和利用。说实话，这些团体同时也在刺激或利用着来自社会各阶层的被孤立人群的怨气——他们觉得自己的福祉以及担忧和痛苦没有被看到或得到解决，甚至觉得自己被背叛了。

这个世界上大多数的事情都能从改革中受益，有时是激进的改革。毫无疑问，历史上无畏的改革者们做出的努力让这个世界受益匪浅。只不过，在这个节点上，我们需要更加宏大和根本性的改变，因为以修复为导向的思维本身忽视了疗愈深层的不安和疾病所需要的、意识上的变位思考。缺乏意识上的变位思考，我们就可能将自己自动投射到一种解救、修复的模式中，而不去深究和清晰地理解我们的问题、痛苦和经受的折磨，因而忽略了在我们自己的头脑和心灵的场域中和那些导致这些痛苦的、亲密而又个人的因素一起工作的机会。[⊖]

此外，因为对某些人而言被破坏的东西在其他人看来可能不以为意，我们看待和了解问题的特有心态就需要经过检视、打磨，以及更重要的——持续和真诚的对话，而不是在公共论坛上充斥着的喧闹和长篇大论的攻击。正念对话（请见《正念疗愈的力量》中的"对话与讨论"一章）邀请真正的倾听，而真正的倾听会拓展我们了知和理解事情的方法。最终，它会提升交流，使我们更有可能逐渐学会倾听，并从理解彼此的角度来成长，而不是仅仅强化自己的立场和执着，对所有与我们看法不同的人抱有成见。当我们的内在通过近距离关注自己的心念以及那些与我们视角不同的人的心念而逐渐成熟时，我们对自己作为一个个体的感知就会拓展，而且我们最需要得到关注和疗愈的那部分也会改变。当我们对"我是谁"的认知变得更为广阔时，我们可能就会感觉到"个人"没那么容易受到威胁；我们会看到自己的利益和福祉是怎样与他人和人类

⊖ 这里作者的意思是，要真正地理解和应对我们的问题、痛苦和经受的折磨，需要向内探求，而不是向外寻找解决的方案。——译者注

整体的利益和福祉深刻地嵌合在一起的。

*

　　像我们在《正念疗愈的力量》中说到的那样，当人们考虑进入MBSR门诊的时候，我们常常会说类似的话：在我们看来，"只要你还在呼吸，你身上'对'的地方就总比'不对'的地方多，无论'不对'的是什么"。我们将这个信息传播到了患有长期慢性疼痛、心脏病、各种癌症、脊髓损伤、中风、艾滋病，以及许多疾病相对轻微但和其他人一样在自己的生活中忍受着肆虐的压力和痛苦的人群中。对此，我们是认真的。尽管一开始无论我们怎么说，他们都不了解也不可能了解自己在做什么。但当他们在正式和非正式的练习中培育正念的时候，他们发现，上面那句话是真的。只要他们在呼吸，无论他们正在经受什么样的痛苦，他们身上"对"的地方就比"不对"的地方多。当他们认识到这一点并且承诺将这个项目作为他们正在接受的医学治疗的一种补充而不是替代的时候，大多数人会以他们之前认为不可能的方式成长、改变并得到疗愈。这样的成果也向多维度视角，以及一种看待问题并与其相处的全新方式打开了大门。而练习，则为这份邀请提供了途径和框架来真正地实现它所指向的目标。在过去的40年间，这种发生在慢性疾病患者身上的成长、改变和疗愈被科学研究一次次地描述和证实。

这个原则同样适用于世界。无论它有什么样的问题，只要它在"呼吸"，"对"的地方就比"不对"的地方多。这个世界"对"的地方非常多，有着各种各样的"新陈代谢"功能和动态平衡过程来维持着它的健康。当然，我们对其中的一些有所认识，甚至心怀感激，还时不时地予以庆祝。但这个世界和人类大部分的"健康"状况被完全忽略，被看成理所当然，或者不被理会，甚至被滥用。

在群体之中，与"呼吸"对应的是什么？我们怎样才能知道什么时候世界的呼吸近乎停止，而我们已经错失了采取行动的最佳时机？当我们在城市里不再移步室外呼吸空气的时候吗？当我们、我们的孩子和孙辈的身体里承受着空气、饮水和食物中的化学毒素带来的难以承受的负担、面对身体内部的侵害而毫无招架之力的时候吗？当全球气温上升到融化冰盖和所有冰川的程度，淹没世界各地的海岸线的时候吗？——这个威胁如今已严重许多。或者当这个星球上不时发生的战争变得更大规模和愈加频繁，甚至更接近自己家门口的时候吗？当恐怖主义在我们的国家成为一种常态的时候吗？当那些只有在电影上才会发生的事情，比如对我们一座城市发起的核攻击，真实发生的时候吗？当人工智能让数百万个工作岗位消失的时候吗？

要发生什么才能让我们觉醒，让我们选择一个不一样的、更加富有想象力和更加智慧的解决途径？

为了面对我们作为一个物种所遭受的、大家共同导致的自身免疫性疾病，我们迟早需要认识到培育正念觉知的必要性，包括觉知为我们明晰什么是人类最重要、最富有人性的品质的能力，为我们去除遮蔽感受和思考过程中"无觉知"的厚重面纱的能力，为我们在永远未知的情况下尽可能地重建平衡的能力，以及它同时存在于当下和岁月流光中的疗愈能力。如果我们迟早都要认识到这一点，为什么不能是现在呢？是什么阻止了我们在此时此刻、在意识层面上经历行星自转式[⊖]的改变，或者至少迈出当下可行的头几步呢？我们可以从关注和致敬自己和这世界上"对"的地方开始，将能量投入进去，无畏地、智慧地、逐渐地在各个层面和各个领域前沿推行，创造所需要的条件。在这样的条件下，我们作为一个社会和一个世界所拥有的复杂的自我调节能力就能够安顿下来，带来一种动态的平衡，一种会因为我们头脑中的"无觉知"以及对"什么是最重要"的问题采取回避和忽视而被干扰、打断和威胁的平衡。

尽管作为一个国家和一个星球，我们承受着诸多的压

⊖　这里作者所说的意识上行星自转式的改变是指看待问题的角度发生了根本性的变化。——译者注

力以及不安和疾病带来的巨大痛苦，我们现在依然可以回应、处理，并且最终解决这些状况，如同当我们一次次地以"觉知"理解和回应慢性疾病患者们的类似状况时——这些状况最终会消失或得到极大的改善。我们也许应该将自己的能力投注到这样的"理解"和"了知"中去，学习如何栖息于自己的自在之中并在行为上呈现出来，学习如何栖息于自己真正的完整之中——"完整"是"健康""疗愈""神圣"这些词的根本含义。否则，我们将无法智慧地应对这种不安。如果我们不够小心，特别是当涉及社会群体的时候，我们可能会在加深问题根源的同时糊弄自己说，我是在消除它们。

因此，在大量证据的基础上来对这个社会"对"的地方和"不对"的地方做出明智的判断是极其重要的；我们甚至需要像大多数时候的医学界那样，在部分不确定的情况下也需要这么做。最终，这是我们所有人而不是少数几个专家应该承担的责任。一个误诊就是一个误见。而在这个领域中，误见可能会带来严重的不良后果，你甚至可以说，是致命的后果。

在这种情形下，我们在个人和集体层面上都需要竭尽全力地去了解问题的全貌，并且探究痛苦和磨难的确实根源所在。在一个医学诊断下，许多不同的方法会被用来理解疾病的根本性质和诱因。然后，在诊断和对病理发展的理解基础上，不同的方法会被当作适当的治疗手段加以运用。有些治疗手段会被同时使用，有些则是按前后顺序使用的，随时处于监控之下并依照病人的反应得到调整。

在面对世界时，我们需要调动人类的全部智慧和创造力来做出正确的诊断，然后采取适当而又灵活的治疗方案来恢复健康和平衡，而不是在我们实际并不了解疾病及其源头的时候，在我们忘记了疗愈与治愈或修复存在根本的不同，并且往往是一个更为适当和可行的选择的时候，让自己迷失在不顾一切、被误导、流于表面和机械化的对修复疾病的特定方面的尝试中。疗愈不是一个可以被强制或被强加的机械化过程。如果我们只是治疗疾病的表征，出于恐惧而不是出于对病人、世界组织以及世界共同体的尊重来做出反应，我们就与正途偏离得太远了。虽然个人的身体会不可避免地消亡，生命本身却还会继续。在这个星球上，我们所关心的是这一代和未来世代的生命，以及他们赖以维系的自然资源、进化历程和发展机制的健康。

*

在医学领域出现的新医学（new medicine）有很多值得

学习的地方。它将病人作为一个完整的人来尊敬；不论是传染性或慢性疾病，失调或某种不易治愈的病症，病人远远优先于任何病理过程。它认识到，我们每一个人，无论年龄、经历还是人生起点，都拥有充沛的、未知的、未开发的内在资源去学习、成长、疗愈，并且在一生中做出改变；只要我们愿意并且能够在自己身上付出特定的努力，去做内在的功课——一种让我们深入了解和培育与这些深藏的、我们可能不记得或者不予信任的内在资源亲密相处的功课。在《正念地活》《觉醒：在日常生活中练习正念》《正念疗愈的力量》中，我们已经了解到，从这口井的深处汲水能够极大地帮助一个人身、心、灵的疗愈，建立他与这个世界之间深切的连接感，并帮助一个人与他那些在生活中难以修复和治愈的痛楚真正地甚至安适地和平相处。

这一切并不是说正念是某种万灵药或神奇的治疗方法，也不意味着正念是所有人生问题的答案，无论是医学上的还是政治上的。但是培育和事情本来面目的亲密相处是迈向疗愈之路的第一步，不管我们是在谈论一个人还是一个国家，抑或所有国家和整个人类。这种友好、智慧的关注为我们提供了一种切实的而非幼稚的方式来重拾我们的人性，成为我们本来就是但也许已经与之脱节的、更具人性的人；一言以蔽之，一个完整的人。毕竟我们把自己叫作human being——"人性之人"，而不是"human doing"——"人为之人"[⊖]。也许这种叫法本身就在试图告诉我们一些什么。也许我们需要深入探寻"人性"（being）到底蕴含着什么。这个探询或许会向我们揭示怎样才能叫作一个完整的人，以及完整的人性能带给我们的从未有过的体验、触动和成长。

无论我们用"自身免疫架构""癌症架构"，还是用"传染病架构"来形容社会群体的不安和痛苦的源头——实际上，这些模式彼此相关，因为自身免疫性疾病和对它们的治疗常常会使病人更容易罹患癌症或发生机会性感染。我们已经清楚的是，除非是轻度的、可以忽略不计的不安和社会疾病的症状，那些即使一开始还能让社会特权阶层容忍的"疾病"，比如贫困、不公、贬损、种族歧视、威权和宗教激进主义，如果没有以适当的方式及时处理的话，它们最终会侵蚀有机体的核心；而适当的处理方式则包括应对引发和助长这些疾病的深层病理，而不仅仅是遮掩或暂时缓解症状。当然，我们同时也要记住：和医疗卫生行业一样，预防是政府治理和外交的最佳政策。

⊖　"人"在英文中被写作human being。这里作者利用英文词中的拆分来巧妙地表达：正念觉知于人而言，是人性中本自具足的部分；滋养觉知就是重拾完整的人性。——译者注

第五章

小畜[○]

我们习惯于将那些特别令人震惊的无知的事件蔑称为邪恶。这使我们能够在对比中明确地将自己归类为善的身份。这是一种粗糙的、最终毫无用处的粉饰，即使其中有真理的成分。认为别人是邪恶的，认为自己是善良的，将这两种观点称为无知也许更合适。因为两者都忽视了我们的根本弊

○ 英文标题为"the taming power of the small"，字面意思为"小的驯服力量"。从后文可以看出，此句作者引用了《易经》中的第九卦，即小畜卦。小畜卦由上巽下乾组成，巽代表风，乾代表天，寓意微小的力量在积蓄中，即小中蓄大。——译者注

病，即当我们沦为对生命的珍贵毫无觉知的牺牲品、为寻求自己的快乐和权力而肆意地或愚蠢地伤害他人时，我们人类就会表现出这种弊病。在《诗篇》（《旧约》的一卷）中，恶常被称为"罪恶"。但也许更好的解释应该是"漫不经心"（heedlessness），⊖即对我们经历的所有内在之境和外在世界的漫不经心。这种漫不经心使我们人为地将自我与他人分离开来，用马丁·布伯（Martin Buber）⊖的话来说，就是将"我"与"你"分开，使这个世界去神圣化，从而使世界建立在分裂、建立在人为的分隔和界限以及纯粹的机械主义上。当这样做时，我们忘记了或从未认识到一种更深层次的、潜在的统一和整合，这种统一和整合允许我们无论是在内在生活还是在这广泛多样化的世界里，都有更大的可能性，以及允许新的自由度出现，从而具有更高的可操作性和可行性。

这种对相互联结的无觉知并不存在恶意，然而由此导致的后果可能是可怕的，无论何时何地出现，都必须予以识别和遏制。这是一种无知、一种深度的不和谐，也是一种与活着、与生而为人的固有关系基本要素的根本脱节。但这种无知或无觉知——不管我们怎么称呼它，都会摆出邪恶的面孔，并可能使我们将邪恶投射到他人身上。事实

⊖ Fischer, N. *Opening to You: Zen-Inspired Translations of the Psalms*, Penguin, New York, 2002.

⊖ 马丁·布伯（1878—1965），出生于维也纳，存在主义哲学家，代表作《我与你》，出版于1923年。——译者注

上，他人也同样患有无知、漠视、败坏和践踏最根本事物的弊病，也许他们从未在自己的生活中尝过认可、仁慈和联结的滋味，或者忽略了他们自己的经验，为狭隘的自我及其欲望服务。我们需要在任何可以发现它的最早阶段发现它，为它命名，并果断采取行动将其隔离，使其失去活性，因为它就像一种很容易感染易感人群的病毒一样。

　　作为一个国家，如果我们希望疗愈世界的苦难，减少对苦难的贡献，我们需要迈出一小步，甚至可能是极小的一步，然而却是勇敢的一步，朝着更完整、更充分地具身体现正念和真心诚意的方向前进。我们需要更早地认识到这一痛苦的根源，即贪婪、仇恨和无知，采取更坚决的行动，消除对权力的盲目攫取所带来的潜在危害，这种对权力的攫取总是以失去智慧、仁慈和相互联结为代价，无论是在我们自己的内在还是他人的内在。此外，正如我们已经注意到的，"小"并不那么"小"。在国家电视上，两名妇女在电梯里，在关键时刻逼问一名参议员，向他诉说她们的真相，并要求他视她们为人，与她们进行眼神交流，这有时会产生影响⊖。但你可能永远不知道。即使近期

⊖　这是指2018年9月发生的事件。参议员杰夫·弗莱克在前往参加布雷特·卡瓦诺的大法官提名投票表决时被两位女性抗议者堵在电梯里，抗议他将对卡瓦诺投赞成票，后者被当时的美国总统特朗普提名为大法官，却卷入一起性侵丑闻中。受此影响，弗莱克随后在表决会场提出推迟下一步参议院全体投票的建议，并要求联邦调查局（FBI）介入调查，其中调查时间不超过1周。——译者注

的目标没有实现，你也可能永远不知道涟漪会泛及多远。

中国古代文化把这称为小畜。甘地知道，即使最微小的动作或姿势，经过深思熟虑和道德基础，都蕴含着巨大的潜力，就像最小的原子包含着不可思议的能量。马丁·路德·金以及许多其他民权运动领导人，包括男性和女性，一些广为人知，一些不被大众所知，都具身体现了这种认识，从没有权力到动员巨大的力量，这些力量来自道德劝说，来自长期被压抑的人们自身的骄傲，以及马丁·路德·金演讲中纯粹美丽、令人振奋和鼓舞人心的品质。当然，还有八小时工作制、童工法、性别平等和废除种族隔离，都是通过群众性的草根运动赢得的，都是从"小"开始，顽强地、不断地纠缠和影响着这个系统，直到它做出回应和转变，这往往以许多无名个体的巨大牺牲为代价。这些成就并非源于白宫或国会，它们只有在被用力推动时才会做出回应。有人称之为人民的力量。不管我们怎么称呼它，它的变革潜力非常巨大。

世界总是在变化。没有什么是一成不变的。当我们将自己、将我们的本心及与生俱来的善，与变化本身的自然展开和每一刻蕴含的无限可能保持一致时，世界会逐渐地、一点点地做出回应。动态的、永远变化的晶格结构，或者更好的情况下，相互关联的网络，由于你的重新整合、你的内在转换、你的意识的正交旋转，以及由此产生的外在呈现，会发生轻微的变化。你并不孤单，即使你以为如此。无论我们是什么身份，正念练习都意味着，允许我们对自己的临在和目标、可能性和善意有一点点细微感受，对我们自己此时此地的觉醒有一点点细微感受。这可能意味着，我们要多次体验这样的时刻，如果我们能记得拜访这样的时刻，无论何时，无论何地，那么即使我们拥抱并致力于消除漠视、排斥、内在和外在伤害、冲突的根源，我们也会知道内心澄明与平和的味道。我们可以在这些经验的基础上继续前行，记住我们总是可以选择与当下保持联系，如其所是安住于当下，不要迷失我们的心，而这在我们面对挑战和机遇时很容易发生，常常让人恼火，常常有害，常常不够正念。

　　作为一个物种，我们是一个正在进行中的宇宙实验。宇宙可能不在乎它是如何运作的。但如果我们关心的是比我们自身狭隘的利益和短暂的舒适更大的东西的话，我们可能会在乎。显然，我们是的。这就是我们物种的美。我们不能被低估。但讽刺的是，这个星球上唯一可能低估我们的智慧生命，正是我们自己。

第六章

正念与民主

　　美国是一个很早就宣布在经济、政治和宗教上从压迫和专制中独立的国家——尽管还不完美，它明确规定了个人自治原则和"人人享有"基本人权，很早就在为生命、自由和追求幸福而发声。鉴于其自身根源于种族灭绝和奴隶制，因此，它为个人和集体意识的演变奠定了基础。显然，原住民和被奴役的非洲人对那些庄严载入《独立宣言》和《宪法》的白人权力机构的崇高原则的真实性，有着完全不同的认识。

什么是自由？如果不是我们每个人毫无例外都有可能、有权利甚至有责任在这个世界上找到自己的路，甚至是真正的路——通过相信我们的直觉和经验，边走边学，边学边成长，甚至从最痛苦的事、从我们自己的误解和错误中学习——如果不是这些，那什么是自由呢？

什么是成长？如果说成长不是更广阔地觉知自己与更大世界的关系以及自己在其中的位置，不是更深入地理解事物的相互联系及其内在和谐——即使在混乱之中，不是强化我们摆脱各种内外力量而自由生活的能力——那些力量会蒙蔽我们对什么是真实的、什么是最根本的、什么是最重要的事物的理解，如果不是这些，那么，成长的隐喻是什么？如果成长不是对他人和这个世界扩展的共情力，不是由那些已经深谙苦难，或者了解苦难且有能力的人向苦难伸出援手，那么成长的隐喻是什么？这需要谦卑。如果没有艰难获得的或自然而来的谦卑，就不会有持久的智慧或持续的仁慈，也不会将它们作为抵御严重不公和威权的堡垒载入基本法。无论是内在还是外在，与更大的整体不协调的成长都是一种癌症，是对完整和平衡的否定，也是它们的主要威胁。在一个健康的政体中，在一个真正的民主国家中，这种成长既没有支持性也不可持续。

如果我们允许自己作为个体沿着一条意识进化的道路前进，也许是为了回应某种对和平与幸福的深度和不成熟的渴望，以及从失去联结、忧虑和不安的折磨中获得更多自由的渴望，它迟早会对我们彼此之间的关系、对这个社会、对我们居住的世界产生深远的影响。必定是这样。

　　和平与幸福不仅仅是选举时的口号，也不仅仅是要获得或授予的商品，它们还是只能被具身体现和持续的品质，并且只能通过实践体现和持续，而不仅仅是在原则的阐述中，无论这些原则多么崇高。因此，在美国，我们看到那些一开始就被法律和社会习俗排除在外的人，他们无法享有《独立宣言》所赋予的不可剥夺的"人人享有"的自由和自治权利，但时不时地，他们仍然进行着顽强而勇敢的斗争——虽然过程缓慢且痛苦，但经由他们的努力，相继改变了关于奴隶制、种族、原住民、妇女、儿童、婚姻的意识和法律，也改变了我们对剥削制度，以及支持这一制度的法律和社会习俗所带给那些人及其家庭切实且巨大的痛苦的理解。要知道，那些痛苦只有当这些制度、法律和习俗改变，然后以新的形式出现，并积极有力地得到执行时才能真正消除。在这方面，我们还有很长的路要走。

　　虽然到现在为止我们作为一个国家的成长都很缓慢，但为什么不从现在开始加速成长呢？在这个时代，一切都在加速，特别是我们走向战争的速度。为什么不加快走向和平的速度？我们到底有多少实现和平的意愿，真正体现所有人的和平、自由和正义？就是现在吧。为什么我们不能动员我们的集体资源和集体意志来影响这种变革——我们声称自己所信仰和支持的变革？例如，为什么不像设立国防部一样设立一个和平部呢？为什么不在促进外在世界和平的同时，去促进内心的和平、安宁和智慧呢？毕竟，它们不是分开的。

民主通常鼓励和培育多元化和观点的多样性，鼓励我们在追求快乐的过程中充分利用内在的和外在的自由，还鼓励我们发出自己的声音。在这样的氛围里，我们自然会被吸引去越来越深入地探询和了解我们自己——作为个体、作为社会以及作为物种。民主是这个星球上正在进行的进化过程的一部分，无论我们改变环境和保护自己免受某些风险的科学技术能力如何影响和塑造了它。这么多的美国人已经在通过冥想来微调他们的心念，从而调整他们的生活，并且人们如此强烈渴望实现自身的完整和自由，不受环境的约束——无论是享有某种特权的人，还是难以享有特权的人。这真是令人震惊，但也令人振奋，并且可以理解。如今，在全世界各个国家，人们对冥想练习的兴趣都在与日俱增，并尝试以各种方式将冥想练习融入生活。这是一个上升的趋势，有望持续数十年甚至几个世纪。这个趋势是否能持续取决于你和我——我们每一个人的承诺，承诺练习正念并将其具身体现在我们的生活中，它的影响虽然很小但绝非无关紧要。我认为这既是一种特权，也是一份深切的责任。

*

当然，只有当条件成熟时，民主才能在特定的文化中生根发芽并成长。它不能从外部强加，正如我们不能将冥想强加给任何人一样，即使在合适的情况下它可能本质上是有益的。作为一个国家，由于一系列复杂的原因和动机，有时会导致恰恰支持反面政策的情况发生。但达到民主真正遍及各处的程度，我们必须有耐心，静待看不见的蜕变和内在转化的发生，尽我们所能地滋养它，做到我们所能做的程度，但也不强迫蝶蛹在时间到来之前就破茧而出，至少，如果我们希望蝴蝶出现的话。而且并不是所有的蝴蝶看起来都是一样的。

智慧、善良、仁慈、共情、奉献、喜悦和爱，这些潜质已经融入我们人类最深、最真实的本性，无论我们生活在地球上的哪个角落，有意识地开发和运用这些能力，可能会带来和平与无休止的战争的区别，带来真正的安全和持久的不安全的区别。如果我们更加有意识地朝着这个方向前进，除了那些根深蒂固的漫不经心和永远的自我分心的习惯，我们还会失去什么呢？那些习惯让我们远离自己，永远生活在恐惧中，忘记我们已经是完整的，已经是完全的，忘记我们真正的安全是在一个健康的国家中，在这个国家中，我们每个人都扮演着重要的角色。

第七章

越战之殇冥想[一]：
一段来自过去的快照，还是现在？或者未来？

我从20世纪60年代中期开始冥想。对一个在纽约的华盛顿高地长大的人来说，进入这个领域是一件很不寻常的事情。我认识的人几乎没人冥想过。很少有关于冥想的英文好书（而且你必须去那种奇怪的"地下书店"里搜寻），实际上，媒体上几乎没有关于它的内容。我从不认

[一] 英文标题为"Talking Vietnam Meditation Blues"，美国著名抗议歌手菲尔·奥克斯（Phil Ochs）在1964年创作的歌曲《Talking Vietnam Blues》，中文通常译为"越战之殇"，这里借鉴这首歌，翻译为越战之殇冥想。——译者注

为冥想是一件"反主流文化"的事情，部分原因是这个词当时还没有完全被发明出来。我用一种浪漫的方式猜想它可能有点东方的感觉，好像有某种东西在"神秘的东方"已经发现并培育了几个世纪，那可能是与充分的、美好的生活相关的东西，因此可能值得尝试。

在我们的文化中，早期与佛教和瑜伽冥想有过交集的包括20世纪50年代的"垮掉派"诗人，他们中的一些人，如加里·斯奈德（Gary Snyder）曾去日本学习。在这之前更早，20世纪之交，一些名人也曾去日本访问。艾伦·沃茨（Alan Watts）的书《东西方心理治疗》（*Psychotherapy East and West*）是这一新生实验的重要催化剂。

我是20世纪60年代中期成年的一代人，这代人，无论我们是不是学生，无论我们是否参与政治活动，无论我们是否生来享有某种特权，似乎都在以不同寻常的方式大量地尝试，以摆脱主导50年代的社会一致化。我们是社会发展边缘的年轻探险家，时而困惑、时而无畏，是真正的美国孩子，寻找着一种清晰、一种善良和一种承诺，那是我们在资本家、企业、政治的主流梦想里对成功、权力、地位、名望和财富的传统追求中所找不到的——尤其是在只能用超现实来描述的"冷战"背景下，在超级大国的背景下，我们日复一日、年复一年地对一个没有空军或海军的小农业社会发动无情的战争，最终在越南投下的炸弹吨位超过了第二次世界大战（以下简称二战）中投到整个欧洲的量。我们中的一些人正在寻找一个能够立足、安身和工作的地方，一个能对事物的整体性有更多觉知的地方，因为所有我们已知或很快学会的矛盾和悖论都是生活在这个世界上的重要组成部分。我们也对正在发生的事情感到异常愤怒和失望。

麻省理工学院（MIT）科学行动协调委员会（SACC），是我们一小群研究生于1968年成立的委员会，旨在对MIT在战争及其相关的研究以及武器发展中的深度参与问题展开开放性的探讨和对话（见《正念疗愈的力量》）。在SACC的会议上，我们经常一起在某个人家里的客厅地板上练习瑜伽，然后进行一些坐姿冥想。这只是一次小小的尝试，却是一次发自内心的尝试，是对我们的一种意识的认同，即我们日益意识到我们试图在自己和世界中催化的改变不仅仅是改变优先事项，或阻止某些事情以我们的名义发生，而是觉知的转变。对我们来说这是一种很大的意识的转变，但与我们所面临的问题和社会力量相比，它显得渺小且不太可能。

MIT有两个非常著名的实验室几乎完全致力于与战争有关的研究，这可以追溯到二战时期。它们为赢得那场战争做出了重要贡献，包括共同开发雷达、发明惯性制导系统指挥炮弹和火箭，以及帮助飞机和船只仅用仪器导航。我们学生议程的一部分是让MIT社区就那些在当时还从未在公开论坛上讨论过的问题展开广泛的对话，并作为其中的一部分，在校园组织一次一天的停课、停工，那一天我们发出请求，希望他们能自愿停止一切日常工作，包括所有教学、研究和办公室工作，并用这一整天的时间在社区内就我们作为一个机构参与与战争有关的研究以及大规模杀伤性武器的设计与开发进行对话和调查。

作为MIT的学生，我们受过调研以及调研重要性方面的培训，我们自己进行了广泛的调研，以发现MIT实际正在发生的情况——那些信息即使在MIT社区中也很少有人知道。这一天的停课、停工是为了进行机构对话和调查，倾听彼此表达我们对科学技术及其在社会上的应用和可能的滥用的各种不同观点，包括大学是否应该从事这类武器的研究和开发。这是极具争议性的，部分因为这个国家在"冷战"和越南问题上太过两极分化，部分因为我们将活动称为"罢工"而更加两极分化。在发生这件事之前的几个月里，各方吵吵嚷嚷、争论不休，表达了一些不满情绪。但是我们成功了。MIT于1969年3月4日关停一天，就战争相关研究的话题进行对话。

顺便说一下，我们几个SACC的创始人鼓励并劝说MIT教职员工中一些杰出的资深成员组成他们自己的小组，以支持那一天的对话和调查。一开始，这个教师团队主要由理论物理学家和生物学家组成，在早期阶段需要大量的帮助和鼓励——我们在年轻时的热情和狂妄中是这样认为的。所以我们帮助他们组织起来。我们甚至给他们的新组织建议了名称——后来被采纳了，即忧思科学家联盟（Union of Concerned Scientists，UCS）。忧思科学家联盟在将近50年后的今天仍然存在。这是一个备受尊敬的国际组织，其成员是世界上一些最杰出的科学家，致力于解决世界上一些最紧迫的问题，这些问题涉及科学技术与食品、能源、环境、安全、全球变暖和公共政策等的交互联结。对我们学生来说，这又是一个我们永远不知道事情将如何发展的例子，但我们不会因此让它成为我们坚持信仰立场的障碍。1969年3月4日，是那些影响深远的转折点之一。

忧思科学家联盟改变了世界吗？谁知道呢？这个世界是不是因为它的存在，因为它不仅关心而且处理了一些重要和可怕的问题而变得更好呢？毕竟没有它的努力，那些问题几乎得不到什么关注。我认为是这样的。每一小步都很重要，通常以我们无法完全了解的方式，尤其是在当时。

*

为了说服乔治·瓦尔德（George Wald）在1969年3月

4日那天发表开幕式主题演讲，几位SACC代表前往哈佛大学（以下简称哈佛）的生物实验室拜访了他。我从小就认识他。这位慈祥的生物学教授以其给本科生讲课时出色而雄辩的表现而闻名。在那之前的几年，他还因为阐明了视觉背后的化学过程而获得诺贝尔奖。乔治欣然接受了我们的邀请，并着手起草了一份演讲稿，他称之为"寻找未来的一代"。那一天，他动情地讲述了为什么他觉得在他广受欢迎的哈佛自然科学专业5个班级里的大学生们会越来越不满。那天他的演讲深深地打动了听众，因为无论在场的听众可能持有什么观点，他们都知道，他们听到的、在乔治情感细腻且迷人的演讲里阐述和体现的，可能是一个更大的真理。在MIT校园中心的克雷斯格大礼堂里，在这个有着1200名教职员工和学生的空间里，寂静无声，乔治有好一会儿都闭着眼睛，仰着头，几乎是在自言自语。

乔治的那次演讲轰动全场。他是一位伟大的演说家，但那次演讲后来成为他一生中最重要的政治演讲，并推动他更多地投入致力于和平的政治活动。几天后（1969年3月8日），作为MIT活动报道和后续活动的一部分，该演讲作为中间插页全文发表在《波士顿环球报》的核心版面上。印刷版的需求量如此之大，以至于《波士顿环球报》又加印了50万份，还将其作为独立传单免费发放。类似的事情以前从未发生过，据我所知，自那以后也没有再发生。

*

　　我讲这个故事是为了让人们知道，一小群人可以做些什么，使处于激活状态中的意识产生转变，这种转变可以变得比想象的更大。每一代人都需要对世界上正在发生的事情有自己的看法，以及思考如何与传承下来的东西相结合，将自己的能量和想象力贡献给最值得保留和需要重新配置的东西，以服务于一个更大的目标，而这个目标可能之前还没有被感知到。每一代人都需要对自己从长者那里继承的东西做出自己的评估，而对这一遗产的解读通常并不完全是美好的。然而，它需要被准确地描述，否则我们将进一步地陷入妄想和梦游中，从而可能造成更大的伤害，包括对我们自己的伤害。通过准确地命名这些遗产，我们可以采取措施，以特定的且希望是明智的方式，以爱国主义和自由社会的最佳精神，友爱地影响个体、制度和国家，这些特定的、明智的方式可能产生新的视角来看待事物，并真正如其所是地理解事物，从而为处理那些由来已久的问题提供新的、未曾想到过的选择。方法甚至不是最重要的，重要的是方法背后的思想和心灵的品质。在塑造我们与世界的关系时，我们不能忽视、回避或逃避哪怕是一丁点儿的智慧和理智的力量——事实上，这种力量需要被培育，持续地、无我地、愉快地被培育。

乔治·瓦尔德可能在那个特别的日子里命名了需要被命名的东西，至少在他的众多听众的头脑和心中是这样，但我们几乎每天都需要为自己做类似的事情。否则，我们可能会面临与我们在这个星球上实际在做的事情失去联结的风险。我们很容易忘记国家在多大程度上依赖于我们所有人的能动性，而我们的能动性在多大程度上是基于我们自身的内在发展和对我们是谁、我们如何对待世界和世界如何对待我们的理解，以及对世界为我们提供了什么而我们又向世界提供了什么的理解。

这个过程是不受时间影响的，也就是说，觉知本身是永恒的。然而，考虑到永恒的不安以及我们这个物种、我们这个星球和我们这个时代的危机，它也需要及时地、几乎连续地进行。想象力在这里扮演着重要的角色。随着时间的推移，我们有潜力以自己的方式、按照自己的内心，识别并成长为我们最真实的、本真的自己；我们有潜力辨别自己的作为或不作为有多少可能是由贪婪、仇恨、妄想或只是纯粹的惰性和无知所驱动；我们也有潜力有意识地努力——再一次既向内也向外，无论这份努力是否足够——去学会摆脱我们的不明智，摆脱我们只看想看的东西，只做想做的事情，而不考虑我们的选择经常带来的有害后果的习惯——这种习惯只会加深我们的"苦"。相反，我们可以有意识地选择能够认识到我们无意或有意在这个世界上给彼此带来痛苦的路径，并找到能够安住在更大的寂静和安全感中的方式——这种寂静和安全感是在自己身上看见他人的基础，因而也是和平的基石。⊖我们真正的危机是意识危机。我们真正的解放在于意识。嗯！

*

当时很多人认为我们必须在越南发动一场战争，否则我们的国家政体将发生改变。结果证明，这种判断并不对。真正的问题并不在越南，或者至少那不是我们需要关注的问题。问题的关键在于我们看待世界的方式。它在我们自己身上，在我们的恐惧里。现在仍然是。

这种不幸的代价是巨大的，无论是在道德上还是在金钱上，在社会上还是在精神上。我们很惊讶，为什么全球有那么多人有时会认为我们对文明的威胁比那些显而易见的"坏人"更大，而我们自己对自己的认知似乎是：我们这么好意、这么努力，我们做了这么多好的、利他的事

⊖ 当我们在正念的练习中找到内在的平静和安全，觉察到我们和他人生而为人的共性，以及无我的本质时，仁慈之心会自然升起，而这正是和平的基石。——译者注

情，即便是在战争中。至少在我们自己的心目中，"我们"总是"好人"，"人"包含了所有性别。我猜这可以归结为这样一个事实，即作为一个物种，我们在许多方面仍处于婴儿期，仍在学习，但老生常谈的可能是赢得战争比培育持久和平更容易。直到现在，我们甚至还不清楚胜利会是什么样子。而战争似乎没有尽头。也许我们真的是在和自己开战。如果是这样，也许我们需要单方面宣布并努力实现持久和平。立刻开始如何？

*

正如我们在前言中所指出的，美国空军的座右铭是："永远的警觉是获得自由的代价。"这可能比任何广告公司所想到的都要真实得多。这种警觉需要通过每一个层面的正念来培养，而不仅仅是在雷达屏幕上或机场安检中。我们如此珍视的自由需要得到深深的欣赏和理解。如果我们想成为解放者，也许我们首先应该通过一种友善的、温和的，但同时又是强烈而坚定的内在的警醒，把自己从无觉知和地域性的盲目中解放出来。

第八章

摇尾狗[⊖]

在1997年那部具有神奇预见性的电影《摇尾狗》（*Wag the Dog*）中，一个虚构的白宫行政部门招募了一名媒体顾问和一名好莱坞制片人，编造了一场与巴尔干地区某国的战争，以分散选民对总统性丑闻的注意力。他们完全捏

⊖ 标题英文为"Wag The Dog"。有这样一句英文谚语"the tail wags the dog"，字面意思为"尾巴摇狗"，尾巴摇动了狗，而不是狗摇尾巴，用来比喻上下颠倒、小人物掌权。当这个词因电影《摇尾狗》而被熟知时，它也成了"为分散对国内丑闻的注意而采取不必要的军事行动"的代名词。

造了一个挑衅事件作为突发新闻在电视上反复播出。结果起作用了，它激怒和煽动了公民，并为发动战争制造了理由。别担心，这一情节本身从未发生过。

我们一再地看到，为了说服我们相信某些事情，我们的一些政客愿意去说、去做或支持几乎任何事情，而事实其实并非如此，所谓真相也许是基于一些小事件或片段断章取义，而实际意义完全不同，或者可能是基于从未发生过的事件。臭名昭著的1964年北部湾事件就是这样，结果导致越南战争全面爆发。从所有报道来看，这事从未发生过。根本没有袭击。这种现象是不是马基雅维利式（Machiavellian）[一]的故意纵容和见利忘义的权力欲望的产物，还是仅仅来自善意的天真和政府的盲目肆意妄行，这是一个尚未有结论的问题，但无论其背后的动机是什么，它通常会让我们陷入同样不幸的境地。

现在看来，当某些政治家或权威人士说某个东西是蓝色的——即便它显然是红色的时，一部分媒体也会报道它是蓝色的，然后足够多的人会相信它——因为他们在报纸上读到了或在新闻上看到了，所以它至少成为一个有争议的点，就好像它是真的。于是，许多人可能会认为这是对我们国家的公然攻击，义愤填膺、压倒性地认为我们应该

[一]　马基雅维利（1469—1527），意大利著名的政治思想家和历史学家，代表作《君主论》。——译者注

表明自己是不能被威胁、推搡和欺凌的。我们不再对我们的声明负责。任何事情都是可能的，不管证据表明它多么不合理和缺乏支持。2018年，美国总统每天都公然地、明显地、强迫性地撒谎。但彻底的撒谎或更微妙的掩饰可以追溯到很久以前。

也许红色真的是蓝色的。随便选择任何一个例子。比如，或许伊拉克与"9·11"恐怖袭击事件之间存在着某种联系。一旦有人这么说了，即使收集到的证据很少或不可信，或者事实证明它完全是捏造的，但对许多人来说这也是具有真实性的，特别是如果它被一遍又一遍地重复，并且在利用我们可以理解的不安全感散播恐惧的背景下。"如果我们不阻止伊拉克境内的恐怖分子，我们将在国内任人摆布，更多无辜者将被袭击，无法想象的袭击，甚至他们会使用从流氓国家获得的大规模杀伤性武器。这听起来很有道理。让我们在他们攻击我们之前先攻击他们吧。特别是，我们是好人，是受害的一方。用不着停下来全面分析情况。不用管我们的盟友和伙伴说了些什么。现在情况不同了。他们要么支持我们，要么反对我们。蓝色现在就是红色的，那些说不，说它仍然是蓝色的人是不可信任的。他们显然不爱国。他们不在乎自由和民主所面临的危险。"又一个摇尾狗！

所以我们的国务卿在联合国厚颜无耻地撒谎了。我们赢得了一场"先发制人"的战争——或者我们是这么认为的，推翻了一个可怕而凶残的独裁者，除了他的战犯亲信没有人会为他的离去而难过，我们"解放"了这个国家，结果陷入了另一种泥潭。可以说，我们在伊拉克的美国监狱中恢复了基地组织的生命和使命，有效地填补了世界恐怖组织的行列，例如伊斯兰国（ISIS），他们在十年内有效地招募了新成员，这些都是基于我们的傲慢、基于我们对权力的滥用，以及我们需要在自己眼中成为一股向善的力量，无论付出什么代价，通常出于所有这些错误的原因。这比唐纳德·特朗普（Donald Trump）早了十多年。

很多人都注意到纳粹将军赫尔曼·戈林（Hermann Goering）在二战后纽伦堡战争审判中说的话，在我们先发制人入侵伊拉克后，这段话在互联网上广为传播，以一种可怕的方式描绘了摇尾狗的现象。

民众当然不想要战争，但决定政策的毕竟是国家的领导人，无论是民主制国家还是议会制国家，将人们拖向战争总是一件简单的事情。不管有没有意见，民众总会听命于领导人。这很容易。你所要做的就是告诉他们，他们遭到了攻击，置国家于危难之中。

陷入红或蓝、黑或白的思考，以及由这种扭曲的认知条件反射地产生的非此即彼、非我们即他们的判断，已经够糟糕的了。但是，当我们在很多时候被要求接受黑色是白色的或者红色是蓝色的时，它更扩展了轻信的范围，而我们知道，大多数情况都是复杂的，而且常常模棱两可，需要明断和洞察力，需要智慧地仔细权衡各种选择和后果，以便在世界上实现真正的安全并促进明智的行动。然而证据非常明显，在合适的原因和条件下，在合适的环境中，由合适的人操纵，使用合适的语言，利用我们的恐惧和偏见，鼓励我们忽视我们清楚看到的和辨别到的是什么以及到了什么程度的能力，作为一个社会，我们一次又一次地集体陷入不够正念的状态，陷入疯狂的痉挛之中——这真正威胁到我们的福祉，甚至威胁到我们作为一个国家、一个物种的完整性。

当尾巴看起来在朝着狗摇动并说话的时候，是不是该清醒的时候呢？是不是该拒绝被忽悠或被迫进入消极和梦游的状态，不再在不够正念、恐惧和操纵的祭坛上放弃我们的自由、解放和常识的时候呢？是不是过了该开始关注隐藏在事件表象下的内在和外在实际正在发生的事情、忽视潜在疾病的迹象和症状及其最终毒性的时候呢？是不是过了该根据我们的全方位的多元情报采取适当行动，而不是仅仅根据经过头脑过滤的不可靠的军事情报采取行动的时候吗？头脑可能有自己的偏见，因此对清晰和准确地评估一种复杂的局势可能没有任何帮助。是不是该让我们作为一个国家和个人"尽我们所能"承担责任的时候——就像美国军队所做的那样呢？或者，这个时间可能已经过去了，我们需要认真追赶。只有时间能说明一切。

第九章

我不知道如果没有修习我会怎样

　　在我的旅行中，我总是被许多人感动，他们来到我面前，简短地讲述他们生活中发生的一场或另一场彻底的灾难，然后这样说道："我不知道如果没有修习我会怎样。"他们指的当然是他们的冥想练习，以及他们发现的各种抱持经验（任何经验）的方法，这使得经验和他们都变得鲜活起来。

　　当我们专注于当下的觉知时，我们总是会感觉到自己与事物的本来面目（无论它们是怎样）有着密切的关系。

当然，无论我们知道与否，我们其实都与它们有着密切的关系。但是如果没有非概念性的了知——没有觉知——我们认识、理解、承认和接受真实现状的能力就会受到限制，尤其是当它不符合我们的喜好时。因此，我们以明智、友善、有用甚至疗愈的方式行事的能力就会严重受损。不明智的行为往往只会让困难的情况复杂化，而我们甚至不知道日益增加的障碍的根源在哪里。事实上，我们一边往前走，一边就在把障碍扔到自己面前。

正念是在内在世界和外在世界的交界处重建某种平衡和清晰的门户。它提醒我们如何就在此时此地具身体现更大程度的智慧，甚至可能是一点点的慈悲；当我们身处冲突和情绪风暴中时，它也提醒我们如何至少在某种程度上摆脱冲突和情绪风暴来具身体现自由，而不是将自己与之隔离开来。作为一种修行，正念使我们在生命的任何季节，即使在最可怕和最猛烈的风暴中，也有能力平静心灵，集中和澄清心智，丝毫不忽视或弱化悲痛和可能遭受的苦难之剧，以继续面对巨大的和痛苦的不确定性的需要。

那么智慧和慈悲从何而来？它们来自你的内在——它们是你天性的一部分，如果你愿意，只要坚持练习，你就能在更大程度上具身体现出来。一旦你将自己投入到持续的一刻接一刻的正念培育中，既包括正式练习也包括日常生活中的练习，无论你以任何你能做到的合适的方式练习，你可能会发现，一切都将成为你的老师——换言之，世界本身就有无数的例子，为我们培育智慧和慈悲提供了无穷的资源。

所以，再一次提醒你——它值得反复多次的提醒：正念不是你想的那样。它并不是一种停止思维，压抑情绪，用一种人造的、浮夸的、假装的"精神的"平静来掩盖事情的内在操作，尽管很多不练习冥想的人会这么以为，有时甚至连练习冥想的人也会这么以为。它不是关乎修复、治愈、到达或获得某种特殊状态。正念根本不是一种状态。它是一种正在进行的超越所有心智状态、所有观点甚至所有诊断的过程。它是一种在我们获得经验的唯一时刻与经验建立联系的方式。它只是停留在觉知本身中，在任何事情发生时觉知到它正在发生，不推开任何东西——即使那是不愉快或痛苦的，而我们不希望它出现在这里；它也不会追求任何体验和无休止地迷恋于此——即使这种体验令人极其愉悦，而我们不希望它消失。正如我们所看到的（第二本书），觉知不是我们必须获得或发展的东西，但我们与生俱有，就像我们与生俱有的手和脚一样。这是我们生而为人的一个核心方面。冥想练习真正培育的是通往我们的觉知能力的通道，从而使我们可以安住在人类心灵广阔的非概念性的了知品质中，并允许它成为我们的默认模式，帮助我们在一刻接一刻、一天接一天展开的生命的实相中行进。

　　冥想其实关乎自由。正如我们在本系列这四本书中所发现的那样，正念首先且主要是一种解放性的练习。它是一种存在方式，使我们重新联结生命的全部维度和我们内在的完整性，就在此时、就在此地具身体现——摆脱无觉知的状态和注意力不集中、梦游的习惯，这些习惯可能会威胁我们，最终以痛苦的方式将我们囚禁起来，就像失去我们外在的自由一样痛苦。我们得以解脱的一种方式是，当这些不明智的决策的后果直接摆在我们眼前，只要我们能真正看见，我们就能理解，也就不会再继续做出同样不明智的决策了。

*

　　出于所有这些原因，正念可以成为深化和扩大民主的天然催化剂。在这种民主中，自由不仅体现在我们的言论、法律和机构中，以及它们在实践中如何实施上——这一点至关重要。它还体现在我们作为个体公民艰难获得的智慧中，这种智慧源于深入探究我们的真实本性并可以直接从内在体验到，这种智慧体现在我们的心中，体现在我们对头脑、心灵以及身体内在之境的热爱中。我们与这片风景越是亲密、越是熟悉，我们就越能有效地参与社会，欣赏每个个体的美丽和独特潜力。越多的人从内在了解这一领域，我们就越能从共享各自的智慧和相互尊重的善意中获益，这种智慧和善意可以转化为更健康的社区和更健康的社会，以及一个了解自身优先选择的国家，以真诚、坚定不移的崇敬和尊重生活在这个世界上。

这种自由没有国界。如果其他人不自由，那么实际上，我们也不可能完全自由或和平，就像我们不可能在一个不健康的世界中保持完全健康一样。但这并不意味着我们被神圣地赋予了向其他文化输出我们对自由的定义和观点的使命。更好的做法是扎根于社会的各个层面，并将我们的精力投入到疗愈中，重视和重建社会各个层面的整体性，找到共同的人性基础。这才是真正的和平之路、智慧之路。这可能是我们的想象力和实际力量最深刻、最令人满意的表达，是真正的满足、快乐和幸福的源泉。作为一个国家，作为一个物种，我们现在需要我们的内在力量来匹配或超越我们的外在力量。我们需要成长为完整的人。其他的替代方案太可怕了，不用去考虑。所以，也许我们应该这样。

第十章

分心暂停

在"9·11"事件后的一周里,《乡村之声》[⊖]的一位编辑在美国国家公共电台(NPR)上被问到他如何看待这次袭击对这座城市及其居民的心理影响。他将其描述为"分心暂停"(suspension of distraction)。他注意到,人们之间开始目光交流,这是前所未有的,他们看着对方的脸,目光掠过,无声地交流。他们似乎不再全神贯注于生

⊖ 《乡村之声》(*Village Voice*)是美国第一个都市另类周刊,创立于1955年,并于2017年宣布终止发行该刊物的纸质版。——译者注

活中通常关注的那些事项和头脑中的状态。这个不可思议的事件、它的恐怖、巨大的生命损失、这个城市两座标志性建筑的蒸发，面对所发生的巨大灾难，纽约人陷入了无言的境地。

分心暂停。一个生动的词语。它的辛酸深深打动了人们的心，在这个遭受巨大的创伤和悲痛的时刻，它是人类的坚韧甚至智慧的充满希望的标志。

分心暂停。这是多么令人惊奇的事情，在这个城市和社会中，我们被卷入了几乎永久的分心状态中，一切都在争夺我们的注意力，攻击我们的感官和头脑，我们要保护自己不受分心的攻击，并在这个过程中忘记什么是我们最重要的东西，甚至忘记我们是谁，我们在做什么。

我不知道纽约人习以为常的分心文化会被搁置多久，因为回归常态和正常化肯定是疗愈过程的一部分。但那一天有很多事情要去觉察。它肯定揭示了一种爆发性的不安，尽管出现了一系列非常重要的警告信号，但在此之前尚未被认识，并且被忽视、未得到处理，甚至由于我们对内在关联缺乏了解而变得更加复杂，它可能会进入我们国家的"心脏"，并造成无法估量的痛苦和伤害。

我们还被以最生动的方式提醒，一切都是无常的。划线：一切。当然，在内心深处我们已经知道这一点。但在日常生活中，我们总是假装自己是不朽的，我们的创造是永恒的，生活总是以某种可靠性和确定性展开，坏事只会发生在其他地方、其他更不幸的人身上。在一个和平、健康的社会中，社会秩序的目的之一是通过法治确保其居民高度的相对确定性和安全性，并辅之以有效的执法和公正的司法系统、共同的防御、良好的医疗保健系统，以及通过教育、经济、创新的机会实现各种可能性。这至少是理想的。但实际上它只是一个近似值，需要不断改进和深化。然而，不论我们的制度在任何时候有多好、多有效，或者反之，无常法则始终在发挥作用。一切都在变。没有什么会长久不变。从根本上说事物都是不确定的。在社会冲突和不稳定的时期，这条法则的影响似乎被放大了，而且更加不可预测。这本身就很可怕。

2001年9月11日那天，我们明白了即使是我们的伟大建筑也是无常的，也会由于人类的无知和恶意而瞬间蒸发。它提醒我们，即使还年轻，即使健康，即使在和平时期，即使在一个国家的一个城市的中心，我们的生命都受制于无常法则。那天早上8点，巨大的塔楼还在那里，在曼哈顿下城上空投下阴影，遮住了大部分天空，自20世纪60年代建成以来它们便一直如此。但到那天早上10点30分，它们消失了。在和平时期，无常以如此巨大的规模呈现，伴随着如此惨重的生命损失、无数希望和梦想的被掠夺，父母和其他家庭支柱几乎在一眨眼之间消失不见，这真是无法想象。

正如留下的是一片巨大的空白——这片空白立即被巨大的生命损失、那些在救援中或幸存或逝去的人以及那些为清理工作贡献了身和心的人的无私努力所神圣化，我们认为的最为有形的、最真实的东西的不稳固性也被尖锐地揭露出来。

叶芝（Yeats）观察到"万物皆会倒塌，然后又被重建"。但是，我们从未在自己的家中集体经历过——通过那些文字无法捕捉的图像和镜头，烙印在我们的视网膜上和大脑中，让我们心碎——如此多的东西会如此迅速地消失。某种纯真在那天失去了。部分来自觉醒，这不是坏事，但在这种情况下，它呈现的方式却未免残酷。

当然，广岛和长崎也被烙印在我们的视网膜上，尽管不是袭击发生时的样子，而且毁灭发生得甚至更快，几乎是瞬间的，规模也要大得多。但是大脑忘记得也很快。那是另一个时代，在电视普及之前。此外，我们那时处于战争状态，"他们"是敌人。"他们"曾经毫无预警地袭击了我们。

是的，"他们"，广岛和长崎的民众，是过着自己生活的平民，他们只是住在这两个城市里的人。他们也在他们领导人的领导下受苦，这些领导人追求自己的宏伟帝国理想和正义感，而这种正义对其族群来说永远是一个未经检验的"事实"。诚然,他们是选择侵略的族群的一部分。

也许是时候让我们彻底地认识到,这里只有一个族群,只有一个我们共同居住的星球,只有一具饱受炎症和感染折磨、迫切需要抚慰、拯救和疗愈的躯体。我们的回应不能仅仅是加强我们国家或我们盟友网络的免疫系统,尽管这在更大的真正智能的框架内是重要的(这里每一个双关语都是有意的)。⊖但在这里,此时此刻,我们是我们自己的敌人。如果我们不停地分心,不去关注我们的行为带来仇恨和鄙视的方式,如果我们说一套做一套,宣扬民主理想却因为有足够的力量而强制推行一些事项,如果我们坚持认为我们可以向世界推销自己,而不是在我们的政策和行动中体现我们最深刻的原则,那么我们将无法命名、面对或疗愈我们个人和集体都正在遭受的全球性不安的根源。也许是时候让我们作为个人、作为国家,集体地、有目的地停留在分心暂停中,重新审视我们如何对待和理解彼此,以及我们如何看待自己的苦难,从而带来智慧,而不是更大的无知,甚至给我们自己和他人带来更多的痛苦。

⊖ 作者没有说哪些词有双关含义,但谁是"盟友"、"免疫系统"要对什么免疫、"真正智能"(原文为intelligence,也可译为"智慧")是什么样的智慧,这些都在启发我们去思考。——译者注

也许是时候让分心暂停成为一种生活方式了。想象一下，这对我们个人和整个世界来说会是多么健康。我们可能会真正了解和平，因为我们是和平的。不天真，不软弱，不无力，而是真正有力量的，体现和平，欣赏和平，以我们真正的力量，以我们真正的智慧。

究竟为什么不呢？

第十一章

静默时刻

2002年9月11日，死难者家属和幸存者，以及各色政要和旁观者，还有那些将此视为庄严朝圣的人，聚集在被称为纽约市"归零地"的地方，就在一年前第一架飞机进入世界贸易中心北塔的同一时刻，他们被要求默哀片刻。

我正在马萨诸塞州的高速公路上开着车，通过广播参与了这次默哀，毫无疑问，全美乃至世界各地的数百万人也在这样做。每个人都知道该怎么做。我们没有得到指示。没有人建议我们如何去感觉，或者感觉什么，或者如何处理我们的念头和情绪。那会是荒谬、不尊重、完全不合适的。组织者永远也不会想到要有任何关于如何进行这样一个时刻的指引。在那种情况下根本不需要，现在也不需要。

每个人都知道什么是默哀时刻。在那种静默中，我们是一体的，即使我们每个人都有自己独特的思想、独特的情感，以及自己的目标和失落，无论我们与事件的关系如何。对我们每个人来说，这是完全不同的，很显然我们都知道。

当一件事在我们心中激起巨大的悲痛和伤心时，在哭叫、流泪和撕扯头发之后，总会到我们不得不陷入沉默的时刻。它甚至超越了祷告。在这样的时刻也会祷告，但祷告并不能代替沉默。沉默是终极的祷告。

我们把默哀的时刻称为仪式。多么恰当。这是一个带着觉知和开放的心进入当下的时刻，允许我们所有的感觉，可以说的和无法说的，和解的和复仇的，希望的和绝望的，只是在这里呈现。这是一个纯粹存在的时刻。这也是对我们内心深处的某些东西的一种承认，我们只是短暂地接触过，然后就避开了，也许是因为不舒服或纯粹的不熟悉。这是一个见证。在这一见证中，我们不仅更好地承担了自己的责任，而且我们展示了我们比它更大，我们有能力抱持它、尊重它，为它和我们自己创造一个情境，从而超越它成长而不遗忘它。

在回想那天晚些时候的经历时，我开始想象如果我们被要求静默五分钟、十分钟，甚至一小时，而不是静默片刻，那会是什么样子。我们还会知道如何面对这一切的残暴、野蛮和无意义吗？我们可能会期待德斯蒙德·图图（Desomond Tutu）、特蕾莎修女（Mother Theresa）或马丁·路德·金知道。但是我们这些普通人呢？我们是否能够持续意识到我们内心的破裂？我们还能止静吗？如果我们不知道要持续多久呢？我们还能安住在自己内心那个地方观察和见证发生吗？毕竟，我们不能"使"它发生。我们是否仍能安住在我们内心深处那无言的地方——那地方见证了所发生的一切，包括它对未来意味着什么的未知性？我们是否仍能安住在那个地方此刻的样子，在过去、现在和未来之间不再有任何界限，无论是已知的还是未知的，所有这些现在对我们来说都是鲜活的？这样的沉默难道不会对我们产生影响——延伸我们、挑战我们、使我们成长、改变我们、疗愈我们吗？我想是这样的。

当然，追悼会不仅仅是记忆。它是记忆和现在的汇合。它是关于在当下向死者、受害者和英雄致敬，总是就在现在，因为讽刺和神秘的是，现在是唯一存续的现实。

即使是最短暂的静默，也是一种既进入当下又继续前进的方式。它提供了一个终结，或者至少标志了一个分水岭出现的时刻。我们知道，终结可能会以某些方式降临到我们身上，但我们知道在其他一些方式上永远不会。这让我好奇，我们是否能够默哀片刻，不仅是为了纪念已经发生的事情，也是为了纪念随着即将发生而正在逝去的事情。我们能在愤怒（包括我们自己的愤怒）升起时保持沉默来面对它，并以同样的方式为之作证吗？我们能用沉默的时刻来面对不信任、悲伤、恐惧、绝望、憎恨、复仇的冲动吗？

在我看来，我们已经具备了这种能力。否则，我们就不会在公共仪式上使用静默的时刻，并且本能地、直觉地、明智地知道如何参与这些时刻，那就是始终如我们现在所是，带着觉知，什么也不做，观察着并因此拥抱一切的完整……就是现在，什么也不用做。

就是现在。

第十二章

正念的优势

《纽约时报》前战地记者克里斯·赫奇斯（Chris Hedges）将传统所谓的爱国主义称为"一种不加掩饰的集体自我崇拜"。他指出，仅在20世纪，就有6200多万平民死于战争，比阵亡的4300万士兵的人数多出近2000万。当人们谈论杀戮时，都太字面化了。

为什么呢？正如赫奇斯所指出的，那些导致战争的事件不经常是盲目信仰到精神错乱和越来越自我陶醉的观点造成的结果吗？那些国家神话在冲突爆发期间以及即将爆发之前，根本不容反驳，但事后双方都会同意，这些神话就像一种灾难性的地方性传染病一样，看起来疯狂、愚蠢，又是有可能预防的。

想想二战时期德国的整体行为吧。系统性的侵略、种族灭绝、谋杀、蓄意破坏、前所未有的大规模官僚化，他们就像会计师追踪库存一样精心设计这一切，仿佛他们没有道德顾忌或人类情感。这是所有德国人的"邪恶"，或仅仅是他们在面对暴力和无情的少数派编造的神话时表现出的可以理解的怯懦和退缩，进而否认，并进行荒唐的隔离和合理化呢[⊖]？当时许多德国人不知何故都想要相信这个神话，他们相信自己伟大而他人低劣，甚至到了非人化他人的程度，并试图有系统地根除他们，这至少在某些情况下可能会让当时的德国人在暗中引起共鸣并扭曲了他们的人性，最终削弱了他们的本能和更好的判断力。

现在他们是我们的朋友。才不过三代人。他们现在就是我们——当我在那里教书，与那些美好的朋友和出色的同事共度时光时，我当然有这种感觉。"马歇尔计划"使

⊖ 否认、情感隔离、合理化都是人们面对恐惧或巨大的压力时自觉或不自觉地采取的心理防御机制之一，以更好地适应环境。否认即不承认存在或已发生的事。隔离则是将不愉快的事实、情景或情感分隔于意识之外，不让自己意识到，以免引起心理上的尴尬、不愉快或焦虑。合理化（或者文饰）则是个体无意识地用似乎合理的解释来为难以接受的情感、行为、动机辩护，以使自己可以接受，以求得心理平衡。——译者注

德国在大灾难后恢复了繁荣。这对美国来说是一项具有巨大道德智慧和经济远见的行动。纳粹主义的病已经过去，因为它得到了正面对待。也许现在他们的社会或其他人的社会对此有某种免疫了，但能持续多久呢？在二战中，美国在世界上积累了一定的善意。但另一代人和另一个时代的善意早已过去。善意会被挥霍掉，如果我们偏离我们内在的善太远，并对我们的偏离视而不见，被我们自己未经检验的言辞安抚和催眠，忘记事情会变化，忘记我们多么需要关注和理解现在情况如何的话。

就像其他病毒一样，恐惧和仇恨病毒的潜伏期比我们的记忆要长，然后以同样几乎不加掩饰的陈词滥调、半真半假的话再次传染我们，将其他人都他者化，如种族主义、反犹太主义、恐同症、"敌人"、"他们"而不是"我们"、入侵者、穷人、移民、那些不属于我们这个群体也不受欢迎的人，以及浮夸的需要以鲜血为代价的正义的形式，而在大多数情况下，智慧需要理性、仁慈、策略、耐心，或许在某些情况下——比如种族灭绝正在实施时，需要迅速、细致、有分寸、有技巧和强硬的国际警察或军事行动，同时保持大局观、牢记整体。

我们需要培养智慧和正念，就像我们的生命有赖于它们一样，培养我们的完整性，明确我们的优先事项，如果我们还有哪怕最渺小的希望，即不屈服于我们历史业力

（karma）的最小公分母——优先选择大规模军事手段，在这个时代，医疗的、外交的，甚至外科的手段都更合适。冲突既是外在的，也是内在的。随着在政治和外交中更多有意识地培养智慧，许多危机都是可以避免的，在它们发展到只能通过军事力量来应对的伪装成邪恶的无知的祸害之前就可以拦阻，以保护或重建自由和幸福，以及可能的新的市场机会。为了让这种智慧占据上风，也许我们需要发展我们的内在技能，以适应我们武器和战斗训练的复杂性。为此，也许可以且应该有更多的静默，真正的静默和反思，在众议院和参议院，在五角大楼和白宫，以及在任何地方。

*

那天晚上，当越南禅宗大师、正念老师、诗人、和平活动家一行禅师（Thich Nhat Hanh）在美国国会图书馆为国会议员及其家人做正念演讲时，我就在那里。他一开始举起双臂说："我用这只手臂（指着右臂）写诗，另一只手臂则不用。这是否意味着那只手臂比这只手臂少了些什么吗？它们都是我身体的一部分，我都需要尊重。"他指的是不同的国家和人民有着不同的观点、习俗和信仰，都是这个世界的一部分，就像双臂一样，无论多么不同，都是他身体的一部分。那次演讲还介绍了一个只为国会议员及其家人提供的正念静修营。12名代表出席了至少部分活动。这样的事以前从未发生过。这件事很少引起注意，至少据我们所知是没有的。

然而，人们永远不知道自己种下的种子会发生什么。比如，有些在萌芽前会潜伏很长时间。生活在大多数时候是混乱的、复杂的——我们需要认识到这一点并欢迎它，而不是被看起来巨大的变革障碍阻止或吓倒。那个在国会度过的周末可能不是一个重大转折点。或者，也可能是，我们只有在走过很长一段路后往回看时才会知道。

诗人约翰·多恩（John Donne）说过："永远不要问丧钟为谁而鸣；丧钟为你而鸣。"多恩指的丧钟是葬礼上的钟，它提醒我们在这个世界上的短暂停留。但还有另一个钟，正念钟，也会在每个时刻敲响，或者，如果我们注意的话，它会邀请我们重新发现并在当下的时刻回到我们的感官上来，提醒我们，当我们还拥有生命的时候，我们现在就有可能觉醒，安住于我们的生命。正念的钟声也为你而鸣。它为我们所有人而鸣。它为庆祝生命及生命所是的样子而鸣，愿我们完全地听到它，愿我们觉醒。

对于那些在一段时期内担负职责、通过集体智慧制定和完善法律来维护国家福祉的人来说，我们可以信任他们，因为他们就是我们，我们就是他们，我们都知道这一点；对于那些被选为短期掌舵国家之船的人来说，他们也是我们，我们也是他们，他们都知道这一点；对于那些其工作是维护法律、规范我们生活的人来说，对事物的潜在合法性、对我们生存中的微妙平衡之美、对我们一直称之为宇宙之法（或道，或内稳态，或和谐，或和平，或任何其他我们选择的名字），对这些的内在理解和尊重，是不可或缺的。即使面对最棘手的问题以及其对变革或协调的普遍抵制，这种珍惜，这种铭记，这种荣耀，也可能允许我们大家在一个持续变化且动态呈现的世界中蓬勃发展，并逐渐治愈我们的创伤。在这个世界，面对不断的变化时，优先考虑道德行为、不伤害、善意、真相，具有了知与不了知的智慧，以及了知我们不了知的智慧。通过这种方式，我们可以单独地，也可以集体地不断培育对我们自己和我们的后代、一切有情众生以及这个我们称之为家园的星球来说真正可能出现的事物。

嘿，奇怪的事情发生了。我们人类真是惊人地不可预测，充满了惊喜。最终，我们甚至可能会自己给自己一个惊喜。

> 正确理解权力，它不是别的，只是实现目标的能力。历史上一个重大的问题是，爱和权力的概念通常是对立的（两极对立），因此爱被认为是对

权力的放弃，而权力被认为是对爱的否定。

我们必须纠正这一点。我们需要认识到，没有爱的权力是草率和腐败的，而没有权力的爱是脆弱和无力的。最高尚的权力以爱实现正义的诉求，最高尚的正义以权力消弭所有对爱的挑战。正是这种不道德的权力与无力量的道德的冲突构成了我们时代的主要危机。

——马丁·路德·金

1967年在他作为南方基督教领袖会议主席的

最后一次演讲

第二部分

让我们热爱的美成为我们的所为

今天
就像其他每一天
我们醒过来
空虚、惊惶。
不要推开书房的门
开始阅读。
取下一件乐器。
让我们热爱的美成为我们的所为。
跪下来亲吻大地的方式
有几百种。

——鲁米

第十三章

不同的认知方式让我们更智慧

跨越900年的时间，鲁米唤起了人们对当下时刻的崇敬，并让人们意识到当下有多么容易被忽略。面对我们的不适和不安，我们总是习惯性地打开书房的门开始阅读（和思考）。也许可以换种方式，"取下一件乐器"，离我们最近的就是我们的身体，让我们所热爱的美——如果我们能与之联结的话，在这一刻，以不同的方式呈现，就在此时此刻。这无异于劝诫人们，去练习真正接触那些最根本、最重要的东西，并承认并非只有单一正确的路通向那里。

面对不可理解的事物时，敬畏之情自然会升起。我说的不可理解，并不是说有些东西不能被理解。我的意思是，我们关注的任何事物，都可以有许多不同的方式来理解。然而，当所有该说的都说了，所有该做的都做了，我们穷尽我们所有的想法，无论这些想法多么聪明，多么富有想象力，多么有见地；我们穷尽我们的逻辑，无论这些逻辑多么合理有据；我们穷尽所有的研究，然而总还有一种未尽的感觉，超越所有思考，就像美妙的音乐旋律所传达的，或是被一幅伟大的绘画作品打动时，或是看见一只蛹的奇迹、一束阳光穿过红杉时的感觉。一种敬畏升起，超越了单纯的解释。现实——无论它是什么——徘徊在它不可否认的、与感官有关的现象学的临在中，包括非概念性的、理解性的、了知的心识。我说的是一件事或一个物体存在本身的神秘性，它作为现象的"实然"（isness），它与所有其他现象、所有曾经存在过的一切相连，它的神圣和明亮的"实然"。就一件艺术作品而言，即使是艺术家自己也不能完全清楚地说明它是如何产生的。

我们无法用语言来形容这种神圣明亮的感觉，常常忘记它在我们的经历中是多么普遍。我们很容易就习惯了它，甚至不再注意到我们有这样的感觉，或者有能力拥有这样的感觉。我们如此沉迷于某一种认知方式，而排除了其他方式。即使奇迹每一刻都毫无疑问地在我们面前展现，在大自然中、在动植物中、在山川河流中、在山谷风光中，我们也会失去这种敬畏。即使我们有充分理由对我们的存在、我们的本性、我们的每根骨骼、我们的每个细胞，对我们活着这个事实产生敬畏，我们也会失去这种敬畏。我们习惯沉迷于有限的觉知或者完全无觉知——我们也可以称之为不够正念——以至于我们甚至会错过湛蓝的天空或玫瑰的芬芳、云雀的鸣啭或拂过肌肤的清风、脚下的大地或婴儿的微笑。

由于无法用语言来描述这种关系，我们倾向于依靠机械，包括许多机器语言，来试图说服自己我们真的理解它。事实上，生物学、生命体、大脑、身体甚至心灵的主要词汇是机器语言、机器图象和机器类比。随着对机器的理解越来越深入，我们能够制造出更多非凡的机器，我们的机器语言和图像变得越来越精练，甚至可能越来越有说服力。现在已经有数字机器，很快还会有量子机器，即计算机，以及运行它们的算法。

生物学家经常把生命的基本单位——细胞——描述为一个工厂，工厂里充满了各种机械装置，有特定的输入、输出、控制系统和功能，经过几十亿年的自然选择进化，形成了所有复杂的结构和形式，形成这个如此有效和优雅地执行那些功能的"机械"。这个类比就目前而言相当有效和令人满意。细胞确实像小工厂一样工作，这就是令人敬畏的地方。它们是纳米工厂，在原子和分子层面以及在此之上的大分子结构层面工作，其整体似乎是根据其DNA蓝图和自身结构自我设计和构建的，并根据细胞"需要"执行的功能（这里我们将其人格化）以及它成长再生的需要，以不同方式打开和关闭基因。每个细胞都有自己的特殊结构和组成机制：用于合成蛋白质的核糖体和内质网；细胞膜及其离子通道和受体分子对接站，用于调节细胞内部与其环境（包括远近其他细胞）之间的双向交通；用于细胞内搭建结构支架、参与细胞运动、物质运输的微管；作为细胞动力工厂的线粒体——线粒体本身好像是微小的退化细胞，有自己的DNA，几十亿年前就已经在有核细胞中占据了一席之地，根据不同细胞类型的能量需求，在每个细胞中的数量从几个到上万个不等。所有这些几乎都是我们体内每个细胞的组成部分，除了一些特殊的例外，如红细胞。请记住，这不仅仅是抽象的概念。我们知道，这些结构以及许多其他结构，每时每刻在我们体内持续运转，在微小的分子层面上维持我们的生命和呼吸——正是它们使我们的心脏保持跳动，让我们能看、能感觉，甚至不知何故还能思考。

当然，不要忘记，我们的细胞是在一个社会中以及作为社会运作的，一个由我们身体中数万亿计的细胞组成的社会。这些细胞彼此关联，通过出生、通过作为一个更大的有机体的一部分，以及通过作为生命世界的一部分而相互关联。在这个生命世界里，所有生物无论大小，共享相同的遗传密码，共享相同的读取密码、构建细胞并维持和再生的机制。至少在这个星球上，生命体只有极少数的几个基本类型，但在此基础上却有许许多多的变化，而细胞是所有这些变化展开所必需的。

想想看（细胞社会如何做到这一点还完全是个谜），根据一般的估计，我们每个人都是从一个细胞成长为100万亿个细胞，也就是说，100 000 000 000 000。这个数字大得惊人，超出了我们的感官经验，需要用数学方法来更方便地简化书写：10^2（一百）×10^{12}（一万亿）=10^{14}（一百万亿）。想一想，从一个细胞衍生出了构成你身体的所有不同的细胞和由这些细胞组成的所有不同的结构：骨骼、肌肉、皮肤、肝脏、心脏、神经、腺体，甚至是眼睛、耳朵、鼻子和舌头中的"特殊"结构，使我们能感受光、声音、气味、味道和触摸。这真是令人难以置信，特别是在我们凭意志移动手臂或手指时。什么是意志，它从哪里产生，又是如何产生的？

想想看，在你的身体里总计大约有670亿英里[⊖]的DNA线程，宽仅两纳米（$2×10^{-9}$米）。而且DNA不是在那里坐

_____
　　⊖　1英里=1 609.344米。

着不动，它还在不断地打开、关闭、被读取和修复，指导着细胞持续运作。所有这些DNA被恰当地紧密分置到细胞核内的微小空间里，驻留在更复杂的染色体内，以便根据细胞类型读取它们的基因；当需要分裂成两个细胞时，它们就会进行自我复制。

这是一个令人难以置信的建筑学成就。生命系统设计的每一个方面都令人难以置信，其复杂和微细远超我们迄今为止开发的最精密的计算机或其他机器。并且，在人类的大脑和中枢神经系统中大约有860亿个神经元，每个神经元（更不用说大脑中还有相当数量的胶质细胞，它们的功能和"目的"我们只有非常模糊的了解）都有1 000多个分支手指（树突），这些手指（树突）接收来自其他神经细胞的脉冲。它们通过自己的轴突和树突，伸出手来触摸、推动、放大或调和自己与远近"邻居们"的活动。而且，最神奇的是，在任何一个细胞、任何一个部位里，你都找不到一个"你"。

此外，每个神经元都有许多神经递质受体分子嵌于细胞膜表面的突触连接处。这些受体由蛋白质分子组合而成，对特定的化学信使（神经递质）打开，对其他则保持关闭，在细胞膜上形成选择性通道，从而允许细胞根据不断变化的条件改变状态。在任何一个层面上，人体——实际上每一个有机生命体——都是一个真正的宇宙，其复杂性不可想象，但是在其功能的统一，在其整体性和存在本身方面又是如此简单和优雅。

别忘了，我们说的是"你"，不是某本关于遥远的另一个星系、另一个时空的科幻小说。

然而，这种关于架构和机制、机器和工厂的说法，无论是分子的还是超分子的，即便有它们美好的、部分的真理，也是有限且会使人受限的。

被遗漏的是我们认识我们是谁的其他方式，这些方式远远超出了我们的逻辑、信息处理和思维的能力。我们对机械的描述和机器的隐喻往往忽略了对这一切的敬畏和崇敬，它所有的奇迹，以及它的实然存在。那些机械论的描述忽略了所有我们脑海中那些无法得到完全解释的东西。它们忽略了经验和经验的神秘性。它们忽略了感知觉能力。尽管我们认识世界的许多分析性的、机械论的方法都是可靠、令人印象深刻和有用的，但它们往往忽略了这样一个事实，即总有一些更小的和更大的领域是我们并不理解的，有些领域只能从更高层面、从整体系统的角度来认识，而且复杂到可能根本无法完全认识，比如宇宙或者我们的大脑是怎样的（如果我用"构建"或"运作"，那么我又在用机器的语言了）。

因此，在任何时候，无论我们的模型多么精密、解释多么周全，我们都既处于黑暗中，也处于光明中；既被蒙翳，又被照亮。如果我们忽视了感知、感受、认识和探索我们的内在之境和外在世界的其他方式，我们就会遭受某种被剥夺和改变本性的痛苦。如果我们不能探索和接近我们所知的边界、我们未知的整个领域，我们也同样会遭受痛苦。

当然我们都知道这一点。一个老生常谈的例子是无私的爱。没有办法解释它，甚至没有办法公正地描述它。在这方面诗歌比神经科学做得好，但诗歌和神经科学是互补的、相互正交的认知方式。所以这二者，以及其他许多描述可能都是恰当的、有启发性的，同时适用。诗人知道的就比科学所知的更不"真实"吗？我不这么认为。荷马（Homer）的观点和毕达哥拉斯（Pythagoras）的观点一样真实，且荷马处理的事情更为复杂。这绝不是要贬低毕达哥拉斯。他的天才是另一种类型，他是第一个真正钻研数的本质及其相互关系的人，一个同时兼具抽象和绝对具象的壮举。（有什么比直角三角形更具象呢？）他创建了一所神秘的学校来保护和敬畏那个世界，并将探索视为神圣的行为。

但是荷马毫不逊色，正如伊莱恩·斯卡利（Elaine Scarry）在《由书而梦》（*Dreaming By the Book*）一书中所阐述的那样，他可以通过描述矛影的轨迹，以令人难以想象的技巧用文字描绘长矛的飞行，这简直就是"斜边的平方"。这只是一个小小的例子。一些学者认为《奥德赛》（Odyssey）和《伊利亚特》（Iliad）包含了荷马之后西方文明的所有重要主题。

一旦我们"知道"直角三角形两直角边边长平方之和等于斜边边长的平方，我们就非常接近纯粹的抽象了，这是我们称为思维领域的一个奇妙而神秘的特点。300多年来，数学的最大难题是费马大定理（Fermat's last theorem），它简单地对毕达哥拉斯公式 $a^2+b^2=c^2$ 加码提高指数，声称对于所有的 $a^n+b^n=c^n$，只要 n 大于2，即使是看似最简单的 $n=3$，都没有整数解。证明这个定理就像寻找数学的圣杯，尽管许多伟大的数学家进行了英雄般的尝试，但都失败了，直到安德鲁·怀尔斯（Andrew Wiles）以超人的头脑和行动完成了这一壮举。安德鲁·怀尔斯从10岁起，就致力于寻求费马挑战的解答。后来他花了8年的时间暗暗努力，同时假装在做别的事情，最终，在朋友们的一点小帮助下，于1995年得出了最后的证明。

我们可能会怀疑，数学世界如此抽象，从具象意义上看，它是否真实呢？是的，我们知道数字是用来为东西计数的。但是，如果得出的是零呢？如果没有东西呢？一堆没有某种东西的东西？或者某些数列中缺少的数字呢，我们称之为"占位符"的？那么"数"这个独立于计量的事物的概念是什么呢？这有意义吗？所有的数都可以由0

和1生成，所以只要我们加入一些公理说明如何运作，这两个数就隐含了所有与数学有关的数，那么事实又如何呢？它们也给我们提供了二进制代码，从而使图灵机成为现实，进而实现了计算机、大数据、算法和曼德博集合（Mandelbrot set），以及其他的奇迹。

数学是否为宇宙的一种属性，或者它是否独立于任何物理世界，这个问题并不是不着边际的。或者它是否为人类思维的捏造，每个数学倾向的思维都有助于揭示大象的某个特征，却不知道大象的整体呢？有没有一种数学的感官呢？如果有的话，它感知的是什么？是谁或什么在感知？为什么数学看起来总是藏在物理世界之后？为什么物理学家发现数学有助于他们理解现象？甚至像复数这样抽象的概念（复数"发现"于几个世纪前，看起来真的不太"真实"，因为是以－1的平方根为基础的）似乎也是绝对必要的，它看起来准确描述了过去一百年才发现的量子现象。

数学只建立在逻辑证明的基础上，从极少数公理开始谨慎地构建起来。一旦某个定理被证明，它就被永远地证明了，它的"真实性"就牢固地确立了，即使它是在第n维度，除了通过数学本身，我们的视觉思维永远无法想象、知道或感觉到。

有人告诉我，在这里，只有数学家能理解，而且只在他们自己狭窄的专业范围内理解。在许多方面，他们扮演着自己的祭司的角色，讲着一种其他科学家都不懂的语言，在许多情况下甚至连科学家都不支持他们。然而，对于通过密码技术保护数字时代的信息传递，以及在最细微的层面理解自然的结构，他们叩开的"世界"现在是绝对关键的。这些世界，无论它们被如何描述，是人类头脑的创造物，还是超越时空和所有物理现象的真理呢？从表面上看，数学有它自己原始宇宙般的感觉，神秘、自洽，但根据哥德尔不完备定理（Gödel's Incompleteness Theorem），它最终总是不完全可知，有点类似于量子物理学中的海森堡不确定性原理（Heisenberg's Uncertainty Principle）。

*

　　当我们不将自己局限于一种认知方式、一种词汇或一组观察镜头时，当我们有意地扩大我们的探索视野和好奇心时，我们可以从所有不同的认知方式中获得快乐。我们也有机会认识到那些无法从概念上获知，却能被感知、感受、直觉注意到的神秘性，它由我们所有的感官从直接的、非碎片化的经验汇合而成，不排除任何东西，甚至包括我们的概念以及它们在任何时刻所揭示的东西，所有这些汇集在一起，持续不断地与比我们更大的存在——那也正是我们自己——进行交流。我们的每一个神秘而奇妙的感官，包括心灵，都是一种认识世界和认识自己的方式。

我们比任何单一的认知方式都大，我们可以把所有这些方式作为不同的、不完整的、互补的模式来享受，充满热情和喜悦地欣赏与参与每一时刻——永恒而短暂的每个时刻，这就是我们来到这里的目的。我们总是可以回去，安住于了知，也可以安住于不了知，喜悦于形式和功能的美，也喜悦于其神秘以及各个层面上的非个人的、深度交联的非我本性——这种非我本性是我们的感官和心灵、我们的工具和本能、我们的冥想练习、我们的努力和对理解的渴望随时传递给我们的。

第十四章

过去、现在与未来：智人的量子跃迁

令人惊讶的是，人类为这个世界带来了如此多的美好。

令人震惊的是，人类给这个世界带来了如此大的伤害。

而且，都是在如此短的时间内。

从最后一个冰河时代结束、从历史和所谓的文明诞生以来，仅仅12 000年，也就是400到600代人的时间（取决于我们认为一代有多长），我们就已经创造了所有人类文化中艺术和科学的美丽和智慧。仅仅400到600代人，用他们不断进化的智慧，创造了农业、天文学、医学、建筑和民主等各方面的奇迹——实际上，还包括历史本身，因为有记载的历史直到公元前5000年到公元前2000年左右才在苏美尔、古埃及和中国出现，更像是250到150代人之前。按照生物学标准，这实际上是非常短的时间。即使你决定再往回多走几步，回到智人出现初期，也就是说10万年前或5000代前；或者即便再往前，与任何地质学的时间相比，它都几乎是瞬间的展开，在大峡谷时间卡⊖上仅仅是顶部的几英寸⊖。从宇宙学的时间来看，人类生命的展开更为短暂，无限短暂，在我们现在所居住的宇宙几乎无法想象的无限时空背景下微不足道。按目前的估算，宇宙大约有137亿年的历史。然而，我们可以思考一下，向外看空间和往回看时间（向外看其实就是往回看），思考空间和时间的广阔，思考我们神秘的临在，以及我们在其中的觉知。我们的心灵可以神奇地知道并容纳它的无限。

　　我们是一个早熟的物种！我们能够自我反思、自我探索、自我探究。就目前所知，我们是唯一有此天赋的物种，尽管我们需要注意某种物种沙文主义的倾向。其他物种也有它们自己的智慧，其智慧很可能同样非同寻常，无论是类人猿、大象、海豚、鸟类、蜜蜂、蜻蜓、蠕虫，甚

　　⊖　指美国科罗拉多大峡谷，因从谷底到顶部分布着从寒武纪到新生代各个时期的岩层，被称为"活的地质史教科书"。——译者注

　　⊖　1英寸=0.0254米。

打开心世界·遇见新自己

华章分社心理学书目

扫我！扫我！扫我！

新鲜出炉冒着热气的书籍资料、心理学大咖降临的线下读书会名额、
不定时的新书大礼包抽奖、与编辑和书友的贴贴都在等着你！

机械工业出版社

CHINA MACHINE PRESS

刻意练习
如何从新手到大师

[美] 安德斯·艾利克森
罗伯特·普尔 著

王正林 译

- 成为任何领域杰出人物的黄金法则

学会提问
（原书第12版）

[美] 尼尔·布朗
斯图尔特·基利 著

许蔚翰 吴礼敬 译

- 批判性思维领域"圣经"

内在动机
自主掌控人生的力量

[美] 爱德华·L.德西
理查德·弗拉斯特 著

王正林 译

- 如何才能永远带着乐趣和好奇心学习、工作和
生活？你是否常在父母期望、社会压力和自己
真正喜欢的生活之间挣扎？自我决定论创始人
德西带你颠覆传统激励方式，活出真正自我

聪明却混乱的孩子
利用"执行技能训练"提升孩子学习力和专注力

[美] 佩格·道森
理查德·奎尔 著

王正林 译

- 为4～13岁孩子量身定制的"执行技能训练"
计划，全面提升孩子的学习力和专注力

自驱型成长
如何科学有效地培养孩子的自律

[美] 威廉·斯蒂克斯鲁德
奈德·约翰逊 著

叶壮 译

- 当代父母必备的科学教养参考书

父母的语言
3000万词汇塑造更强大的学习型大脑

达娜·萨斯金德

[美] 贝丝·萨斯金德 著
莱斯利·勒万特－萨斯金德

任忆 译

- 父母的语言是最好的教育资源

十分钟冥想

[英] 安迪·普迪科姆 著

王俊兰 王彦又 译

- 比尔·盖茨的冥想入门书

批判性思维
（原书第12版）

[美] 布鲁克·诺埃尔·摩尔
理查德·帕尔 著

朱素梅 译

- 备受全球大学生欢迎的思维训练教科书，已
更新至12版，教你如何正确思考与决策，避
开"21种思维谬误"，语言通俗、生动，批
判性思维领域经典之作

CMP BOOKS

打开心世界·遇见新自己

华章分社心理学书目

扫我！扫我！扫我！
新鲜出炉冒着热气的书籍资料、心理学大咖降临的线下读书会名额、
不定时的新书大礼包抽奖、与编辑和书友的贴贴都在等着你！

机械工业出版社
CHINA MACHINE PRESS

刻意练习
如何从新手到大师

[美] 安德斯·艾利克森
罗伯特·普尔 著

王正林 译

- 成为任何领域杰出人物的黄金法则

学会提问
（原书第 12 版）

[美] 尼尔·布朗
斯图尔特·基利 著

许蔚翰 吴礼敬 译

- 批判性思维领域"圣经"

内在动机
自主掌控人生的力量

[美] 爱德华·L·德西
理查德·弗拉斯特 著

王正林 译

- 如何才能永远带着乐趣和好奇心学习、工作和生活？你是否常在父母期望、社会压力和自己真正喜欢的生活之间挣扎？自我决定论创始人德西带你颠覆传统激励方式，活出真正自我

聪明却混乱的孩子
利用"执行技能训练"提升孩子学习力和专注力

[美] 佩格·道森
理查德·奎尔 著

王正林 译

- 为 4~13 岁孩子量身定制的"执行技能训练"计划，全面提升孩子的学习力和专注力

自驱型成长
如何科学有效地培养孩子的自律

[美] 威廉·斯蒂克斯鲁德
奈德·约翰逊 著

叶壮 译

- 当代父母必备的科学教养参考书

父母的语言
3000 万词汇塑造更强大的学习型大脑

达娜·萨斯金德
[美] 贝丝·萨斯金德 著
莱斯利·勒万特-萨斯金德

任忆 译

- 父母的语言是最好的教育资源

十分钟冥想

[英] 安迪·普迪科姆 著

王俊兰 王彦又 译

- 比尔·盖茨的冥想入门书

批判性思维
（原书第 12 版）

[美] 布鲁克·诺埃尔·摩尔
理查德·帕克 著

朱素梅 译

- 备受全球大学生欢迎的思维训练教科书，已更新至 12 版，教你如何正确思考与决策，避开"21 种思维谬误"，语言通俗、生动，批判性思维领域经典之作

叔本华的治疗

[美] 欧文·D. 亚隆 著

张蕾 译

- 欧文·D. 亚隆深具影响力并被广泛传播的心理治疗小说，书中对团体治疗的完整再现令人震撼，又巧妙地与存在主义哲学家叔本华的一生际遇交织。任何一个对哲学、心理治疗和生命意义的探求感兴趣的人，都将为这本引人入胜的书所吸引

诊疗椅上的谎言

[美] 欧文·D. 亚隆 著

鲁宓 译

- 亚隆流传最广的经典长篇心理小说。人都是天使和魔鬼的结合体，当来访者满怀谎言走向诊疗椅，结局，将大大出乎每个人的意料

部分心理学
（原书第2版）

[美] 理查德·C. 施瓦茨 著
玛莎·斯威齐

张梦洁 译

- IFS创始人权威著作
- 《头脑特工队》理论原型
- 揭示人类不可思议的内心世界
- 发掘我们脆弱但惊人的内在力量

这一生为何而来
海灵格自传·访谈录

[德] 伯特·海灵格 著
嘉碧丽·谭·荷佛

黄应东 乐竞文 译
张瑶瑶 审校

- 家庭系统排列治疗大师海灵格生前亲自授权传记，全面了解海灵格本人和其思想的必读著作

人间值得
在苦难中寻找生命的意义

[美] 玛莎·M. 莱恩汉 著

邓竹箐 薛燕峰 邬海皓 译

- 与弗洛伊德齐名的女性心理学家、辩证行为疗法创始人玛莎·莱恩汉的自传故事
- 这是一个关于信念、坚持和勇气的故事，是正在经受心理健康挑战的人的希望之书

心理治疗的精进

[美] 詹姆斯·F.T. 布根塔尔 著

吴张彰 李昀烨 译
杨立华 审校

- 存在-人本主义心理学大师布根塔尔经典之作
- 近50年心理治疗经验倾囊相授，帮助心理治疗师拓展自己的能力、实现技术上的精进，引领来访者解决生活中的难题

拥抱你的抑郁情绪
自我疗愈的九大正念技巧
（原书第2版）

[美] 柯克·D. 斯特罗萨尔
帕特里夏·J. 罗宾逊　著

徐守森 宗森 祝卓宏 等译

- 你正与抑郁情绪做斗争吗？本书从接纳承诺疗法（ACT）、正念、自我关怀、积极心理学、神经科学视角重新解读抑郁，帮助你创造积极新生活。美国行为和认知疗法协会推荐图书

穿越抑郁的正念之道

[英] 马克·威廉姆斯
[英] 约翰·蒂斯代尔
[加] 辛德尔·西格尔　著
[美] 乔·卡巴金

童慧琦 张娜 译

- 正念认知疗法，融合了东方禅修冥想传统和现代认知疗法的精髓，不但简单易行，适合自助，其改善抑郁情绪的有效性也获得了科学证明

正念
此刻是一枝花

[美] 乔·卡巴金　著

王俊兰 译

- 正念减压之父卡巴金的代表作。出版30年来，改变了无数人的生活
- 谷歌、宝洁、英特尔、摩根大通等公司都在用正念减压改善员工身心状态

ACT就这么简单
接纳承诺疗法简明实操
手册（原书第2版）

[澳] 路斯·哈里斯　著

王静 曹慧 祝卓宏 译

- 最佳ACT入门书
- ACT创始人史蒂文·海斯推荐
- 国内ACT领航人、中国科学院心理研究所祝卓宏教授翻译并推荐

幸福的陷阱
（原书第2版）

[澳] 路斯·哈里斯　著

邓竹箐 祝卓宏 译

- 全球销量超过100万册的心理自助经典
- 新增内容超过50%。
- 一本思维和行为的改变之书；接纳所有的情绪和身体感受；意识到此时此刻对你来说什么才是最重要的；行动起来，去做对自己真正有用和重要的事情

生活的陷阱
如何应对人生中的至暗
时刻

[澳] 路斯·哈里斯　著

邓竹箐 译

- 百万级畅销书《幸福的陷阱》作者哈里斯博士作品
- 我们并不是等风暴平息才开启生活，而是本就一直生活在风暴中。本书将告诉你如何跳出生活的陷阱，带着生活赐予我们的宝藏勇敢前行

探寻记忆的踪迹
大脑、心灵与往事

[美] 丹尼尔·夏克特 著

张梦洁 译

- 荣获美国心理学会威廉·詹姆斯图书奖
- 哈佛大学心理学特殊荣誉教授丹尼尔·夏克特经典著作
- 展示人类记忆的图景，揭开记忆的神秘面纱

艺术与心理学
我们如何欣赏艺术，艺术如何影响我们

[美] 埃伦·温纳 著

王培 译

- 艺术心理学前沿科普，搭起连通艺术与科学的桥梁，解答你关于艺术的种种疑惑

友者生存
与人为善的进化力量

[美] 布赖恩·黑尔
瓦妮莎·伍兹 著

喻柏雅 译

- 一个有力的进化新假说，一部鲜为人知的人类简史，重新理解"适者生存"，割裂时代中的一剂良药
- 横跨心理学、人类学、生物学等多领域的科普力作

你好，我的白发人生
长寿时代的心理与生活

彭华茂 王大华 编著

- 北京师范大学发展心理研究院出品。幸福地生活，优雅地老去

新书速递

空洞的心
成瘾的真相与疗愈

为什么我们总是在防御

身体会替你说不
内心隐藏的压力如何损害健康

停止自我破坏
摆脱内耗，6步打造高效行动力

生命的礼物
关于爱、死亡及存在的意义

红书

[瑞士] 荣格 原著
[英] 索努·沙姆达萨尼 编译
周党伟 译

- 心理学大师荣格核心之作，国内首次授权

身体从未忘记
心理创伤疗愈中的大脑、心智和身体

[美] 巴塞尔·范德考克 著
李智 译

- 现代心理创伤治疗大师巴塞尔·范德考克"圣经"式著作

多舛的生命
正念疗愈帮你抚平压力、疼痛和创伤（原书第2版）

[美] 乔恩·卡巴金 著
童慧琦 高旭滨 译

正念减压疗法创始人卡巴金经典之作

精神分析的技术与实践

[美] 拉尔夫·格林森 著
朱晓刚 李鸣 译

- 精神分析临床治疗大师拉尔夫·格林森代表作，精神分析治疗技术经典

成为我自己
欧文·亚隆回忆录

[美] 欧文·D.亚隆 著
杨立华 郑世彦 译

存在主义治疗代表人物欧文·D.亚隆用一生讲述如何成为自己

当尼采哭泣

[美] 欧文·D.亚隆 著
侯维之 译

- 欧文·D.亚隆经典心理小说

打开积极心理学之门

[美] 克里斯托弗·彼得森 著
侯玉波 王非 等译

积极心理学创始人之一克里斯托弗·彼得森代表作

理性生活指南
（原书第3版）

[美] 阿尔伯特·埃利斯 著
罗伯特·A.哈珀
刘清山 译

- 理性情绪行为疗法之父埃利斯代表作

冲突的力量
如何建立安全、稳固和长久的亲密关系

[美] 埃德·特罗尼克
克劳迪娅·M. 戈尔德 著

姜帆 译

- 长达 50 年的"静止脸"科学实验证明，从婴儿到成人，关系中的冲突会伴随我们一生。不断经历关系的错位与修复是我们通往健康亲密关系的必经之路

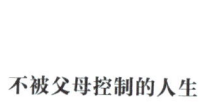

清醒地活
超越自我的生命之旅

[美] 迈克尔·辛格 著

汪幼枫 陈舒 译

- 樊登推荐！改变全球万千读者的心灵成长经典。冥想大师迈克尔·辛格从崭新的视角带你探索内心，为你正经历的纠结、痛苦找到良药

静观自我关怀
勇敢爱自己的 51 项练习

[美] 克里斯汀·内夫
克里斯托弗·杰默 著

姜帆 译

- 静观自我关怀创始人集大成之作，风靡 40 余个国家。爱自己，是终身自由的开始。51 项练习简单易用、科学有效，一天一项小练习，一天比一天爱自己

不被父母控制的人生
如何建立边界感，重获情感独立

[美] 琳赛·吉布森 著

姜帆 译

- 让你的孩子拥有一个自己说了算的人生，不做不成熟的父母
- 走出父母的情感包围圈，建立边界感，重获情感独立

与孤独共处
喧嚣世界中的内心成长

[英] 安东尼·斯托尔 著

关凤霞 译

- 英国精神科医生、作家，英国皇家内科医师学院院士、英国皇家精神科医学院院士、英国皇家文学学会会员、牛津大学格林学院名誉院士安东尼·斯托尔经典著作
- 周国平、张海音倾情推荐

萨提亚冥想经典

[加] 约翰·贝曼 编

刘宛妮 译

- 国际家庭治疗先驱维吉尼亚·萨提亚留给世人的 53 篇冥想
- 约翰·贝曼博士亲自整理
- 每一篇冥想都是一份珍贵的礼物，指引我们走向内心

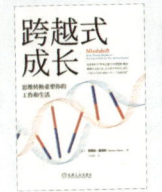

跨越式成长
思维转换重塑你的工作和生活

[美] 芭芭拉·奥克利 著

汪幼枫 译

- 芭芭拉·奥克利博士走遍全球进行跨学科研究，提出了重启人生的关键性工具"思维转换"，面对不确定性，无论你的年龄或背景如何，你都可以通过学习为自己带来变化

大脑幸福密码
脑科学新知带给我们平静、自信、满足

[美] 里克·汉森 著

杨宁 等译

- 里克·汉森博士融合脑神经科学、积极心理学跨界研究表明：你所关注的东西是你大脑的塑造者。你持续让思维驻留于积极的事件和体验，就会塑造积极乐观的大脑

深度关系
从建立信任到彼此成就

[美] 大卫·布拉德福德 著
卡罗尔·罗宾

姜帆 译

- 本书内容源自斯坦福商学院 50 余年超高人气的经典课程"人际互动"，本书由该课程创始人和继任课程负责人精心改编，历时 4 年，首次成书
- 彭凯平、刘东华、瑞·达利欧、海蓝博士、何峰、顾及联袂推荐

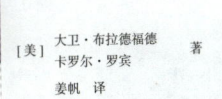

成为更好的自己
许燕人格心理学 30 讲

许燕 著

- 北京师范大学心理学部许燕教授，30 多年"人格心理学"教学和研究经验的总结和提炼。了解自我，理解他人，塑造健康的人格，展示人格的力量，获得最佳成就，创造美好未来

延伸阅读

自尊的六大支柱

习惯心理学
如何实现持久的积极
改变

学会沟通
全面沟通技能手册
（原书第 4 版）

抗逆力养成指南
如何突破逆境，成为
更强大的自己

深度转变
让改变真正发生的 7
种语言

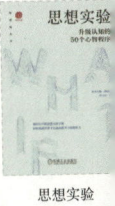

思想实验
升级认知的 50 个心
程序

超级学习者

[加] 斯科特·H.扬 著

姚育红 译

- 加拿大超级学霸斯科特·H.扬，带你纵览认知科学的新研究，解锁"超级学习"9大法则，快速、高效掌握一个知识领域的硬核技能

写作脑科学

如何写出打动人心的故事

[美] 莉萨·克龙 著

钟达锋 译

- 理解人们的故事天性，写出能满足读者预期的故事，才能让你的作品打动人心。认知神经科学之父迈克尔·加扎尼加审读推荐

如何达成目标

[美] 海蒂·格兰特·霍尔沃森 著

王正林 译

- 社会心理学家海蒂·霍尔沃森力作
- 精选数百个国际心理学研究案例，手把手教你克服拖延，提升自制力，高效达成目标

驯服你的脑中野兽

提高专注力的 45 个超实用技巧

[日] 铃木祐 著

孙颖 译

- 你正被缺乏专注力、学习工作低效率所困扰吗？根源在于我们脑中藏着一头好动的"野兽"。45 个实用方法，唤醒你沉睡的专注力，激发 400% 工作效能

延伸阅读

故事板演讲术
打造看得见的影响力

学会如何学习

科学学习
斯坦福黄金学习法则

刻意专注
分心时代如何找回高效的喜悦

直抵人心的写作
精准表达自我，深度影响他人

批判性思维工具
（原书第 3 版）

女孩，你已足够好
如何帮助被"好"标准困住的女孩

[美] 蕾切尔·西蒙斯 著

汪幼枫 陈舒 译

- 过度的自我苛责正在伤害女孩，她们内心既焦虑又不知所措，永远觉得自己不够好。任何女孩和女孩父母必读书。让女孩自由活出自己，不被定义

你的感觉我能懂
用共情的力量理解他人，疗愈自己

[美] 海伦·里斯 莉斯·内伯伦特 著

何伟 译

- 一本运用共情改变关系的革命性指南，共情是每个人都需要培养的高级人际关系技能。
- 开创性的 E.M.P.A.T.H.Y. 七要素共情法，助你获得平和与爱的力量，理解他人，疗愈自己。
- 浙江大学营销学系主任周欣悦、北师大心理学教授韩卓、管理心理学教授钱婧、心理咨询师史秀雄倾情推荐。

焦虑是因为我想太多吗
元认知疗法自助手册

[丹] 皮亚·卡列森 著

王倩倩 译

- 英国国民健康服务体系推荐的治疗方法高达 90% 的焦虑症治愈率

为什么家庭会生病

陈发展 著

- 知名家庭治疗师陈发展博士作品
- 厘清家庭成员间的关系，让家成为温暖的港湾，成为每个人的能量补充站

| 延伸阅读 |

   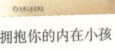

完整人格的塑造
心理治疗师谈自我实现

丘吉尔的黑狗
抑郁症以及人类深层
心理现象的分析

童年逆境如何影响
一生健康

学会沟通，学会爱
如何消除误解，让亲
密关系更稳固

拥抱你的内在小孩
（珍藏版）

性格的陷阱
如何修补童年形成的
性格缺陷

心理创伤疗愈之道
倾听你身体的信号

[美] 彼得·莱文 著

庄晓丹 常邵辰 译

- 有心理创伤的人必须学会觉察自己身体的感觉，才能安全地倾听自己。美国躯体性心理治疗协会终身成就奖得主 / 身体体验疗法创始人集大成之作

创伤与复原

[美] 朱迪思·赫尔曼 著

施宏达 陈文琪 译

童慧琦 审校

- 美国著名心理创伤专家朱迪思·赫尔曼开创性作品
- 自弗洛伊德以来，又一重要的精神医学著作
- 心理咨询师、创伤治疗师必读书

拥抱悲伤
伴你走过丧亲的艰难时刻

[美] 梅根·迪瓦恩 著

张雯 译

- 悲伤不是需要解决的问题，而是一段经历
- 与悲伤和解，处理好内心的悲伤，开始与悲伤共处的生活

危机和创伤中成长
10 位心理专家危机干预之道

方新 主编 高隽 副主编

- 方新、曾奇峰、徐凯文、童俊、樊富珉、马弘、杨凤池、张海音、赵旭东、刘天君 10 位心理专家亲述危机干预和创伤疗愈的故事

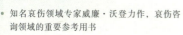

哀伤咨询与哀伤治疗
（原书第 5 版）

[美] J. 威廉·沃登 著

王建平 唐苏勤 等译

- 知名哀伤领域专家威廉·沃登力作，哀伤咨询领域的重要参考用书

哀伤的艺术
用美的方式重构丧失体验

[美] 罗琳·海德克 著
约翰·温斯雷德

吴限亮 何丽 刘禹强 等译
李明 审校

- 即便遭遇不幸，我们依然可以感到被安慰、被支持，甚至精力充沛、生气勃勃。死亡与哀伤专家罗琳·海德克和约翰·温斯雷德作品

硅谷超级家长课
教出硅谷三女杰的 TRICK 教养法

[美] 埃丝特·沃西基 著

姜帆 译

教出硅谷三女杰、马斯克母亲、乔布斯妻子都推荐的 TRICK 教养法

"硅谷教母"沃西基首次写给大众读者的育儿书

孩子的语言
语言优势成就孩子的毕生发展

苏静 叶壮 著

- 《父母的语言》实操篇
- 包含实用的语言学习方法、阅读方法、互动游戏，教你如何一步步在日常生活中培养孩子的语言优势

游戏天性
为什么爱玩的孩子更聪明

凯西·赫什－帕塞克

[美] 罗伯塔·米尼克·格林科夫 著

迪亚娜·埃耶

鲁佳珺 周玲琪 译

- 儿童学习与发展奠基之作
- 指出"在玩耍中学习是孩子成长的天性"
- 43 个亲子互动游戏轻松培养孩子的 6 大核心能力

正念亲子游戏
让孩子更专注、更聪明、更友善的 60 个游戏

[美] 苏珊·凯瑟·葛凌兰 著

周玥 朱莉 译

- 源于美国经典正念教育项目
- 60 个简单、有趣的亲子游戏帮助孩子们提高 6 种核心能力
- 建议书和卡片配套使用

延伸阅读

儿童发展心理学

费尔德曼带你开启孩子的成长之旅
（原书第 8 版）

成功养育

为孩子搭建良好的成长生态

高质量陪伴

如何培养孩子的安全型依恋

爱的脚手架

培养情绪健康、勇敢独立的孩子

欢迎来到青春期

9~18 岁孩子正向教养指南

聪明却孤单的孩子

利用"执行功能训练"提升孩子的社交能

这本书将我一次次拉出深渊

小红书博主彭以曼

《当尼采哭泣》这本书，它能触及你深藏已久的伤痛，如果你易动情落泪，读到最后，你可能会像书中主角最后释怀般，放声痛哭。所以，我建议你找个安静的地方，全身心投入书中，来一次深度自我探索，在一次次与书中内容产生共鸣的过程中，你了解自我，也会静下心来，重新审视人生。

这是本心理学小说，并不难读。读时，你会沉浸其中，深刻了解关于人生的四大终极关怀：死亡、自由（包括意志的选择和因自由而有的责任）、孤独、人生的意义（或无意义），跟着人物的对话，潜入人类思想所能到达的至深海底。

我想，对于每个人内心深处的伤，书中都有解药。譬如我，用了好几个晚睡的夜读完，初读时，心脏像是被钝器拉扯，读完后，竟发觉自己总不觉间泪流满面，对有些人与事悄然释怀。

或许你我都一样，一路走来，学会了伪装，也学会了逞强。有时候，我们会觉得生活，没了盼头，有时候，我们却又对生活，充满憧憬。那些苦闷的日子，似乎从来没有发生过，却也真实地存在过。愿我们大哭过后，都拥抱最真实的自己，以后的日子里，想哭就哭，想笑就笑，活好每一个当下。

书中触动我的句子，分享给你们：

"我们必须以仿佛我们是自由的方式来生活。即使我们无法逃离命运，我们依然必须迎头抵住它，我们必须运用意志力来让我们的宿命发生，我们必须爱我们的命运。"

"在追寻真理的路上是孤独的，我们老是偷懒想着别人给答案给建议，但只有自己经历选择的才是属于自己的道路。"

"事物的表象往往具有欺骗性，因为我们把自己内心深处的欲求层层包裹其中，谁才是真正的敌人？弄清楚这一点很重要。"

"没有绝对的自由，我们只能在生命过程中看似自由地去生活，热爱命运，最大限度地成为自己的存在。"

"这些年我一直与错误的敌人在战斗。真正的敌人是宿命，是衰老、死亡以及我本身对自由的恐惧。"

几乎是在震撼中读完的一本书

小红书博主彭以曼

"欧文·亚隆的小说达到了艺术性与专业性完美结合的境界。大胆构思，细节扎实，带给人巨大的冲击力、心灵上的震撼。"

谁懂啊！我实在太认同这句话了！我只读了欧文·亚隆的《诊疗椅上的谎言》这本书几页，就再也没办法从书上移开眼，因为它情节奇、反转多，读起来格外震撼，刷新三观。

若你对心理学感兴趣，又认为专业书籍过于枯燥乏味，千万不要错过这本书！那些临床心理学生都头痛的移情和反移情、抗拒与防御等知识点，都在书里与反转连连的精彩故事巧妙结合，读时酣畅淋漓。

书中故事里的人物，都是欧文·亚隆根据多位心理医生真实翻车案例改编，书中，他们明明想要治愈人性的阴暗面，却被病人蒙骗，倒在了欲望的沟壑中，无法自拔，而他们的每个选择，都直接挑战人性底线。最有趣的是，欧文·亚隆吐槽多位著名的心理医生：奥拓·兰克、荣格、琼斯、费伦奇……说他们心术不正。

阅读过程中，你会发现认知逐渐被重建，这会让你在之后的人生里，比别人更容易看清世事的本质。我合上书的那刻，对人性的认知就被彻底颠覆，只要想起书中内容，内心根本无法平静！这些故事，让我深感人性幽深复杂，也让我顿悟，人性在欲望面前，往往不堪一击。像我这样的普通人必须谨记，无论是面对别人或自己，永远不要试探人性。

书中触动我的句子，分享给你们：

"如果你想要对自己感到自豪，就去做能让你骄傲的事情。"

"不要夺走其他人的个人责任，不要想成为所有人的依靠。如果你要帮助病人成长，就要让他们成为自己的父母。"

"越高大的树，根就沉得越深，深入黑暗，深入邪恶。"

"我们所经验的苦楚的大小及本质不是由创痛的种类，而是由创痛的意义来决定的。而意义正是肉体与精神上的差异。"

欢迎读者投稿您的书评，您的书评将有机会发布在我们多个官方宣传平台上。
我们的邮箱：xinli@hz.cmpbook.com

至植物——这里仅举几个我们不了解和不完全了解的领域。他们都有自己的社群和交流方式，就像我们一样。但我们人类似乎具有几乎无限的创造力——至少在某些领域，并能将这些创造力转化为有形的产品。想象一下：我们可以从鲜活的、悸动的、脉动的组织中展现抽象的数学和诗歌。这到底是怎么发生的？数学和诗歌都涉及对虚拟世界的发现和探索，这些虚拟世界有些存在，有些不存在，需要付出艰辛的努力来孕育、与之角逐，进而认识。想想真是神奇！我们了知和行动的能力、创造和思考的能力以及在事物表象背后看到某种更大规律性的能力，有时似乎是不可估量的。

作为一个物种，我们得名于我们的知，而不是我们的行。在英语中，"人类"（human being）这个术语直接指向存在（being）、指向觉知、指向感知觉能力。毕竟，我们不称自己是human doing，这是有充分理由的，因为我们的行（doing）来自某种更大的东西，我们直觉地知道那就是存在（being）。

然而，我们也会出现巨大的自我欺骗，错误地理解事物的全部，有时错把愚蠢——尤其是我们自己的愚蠢——当作智慧。正如我们一再看到的，我们智人在最害怕、最受蒙蔽的时候，会表现出巨大的残忍。具有讽刺意味的是，当我们因恐惧和错觉而爆发时，往往打着更大的善的旗号，通常是我们自己的善，以更伟大的名义，但毫不奇怪它也恰好是我们自己的善。这通常是以牺牲其他人，而不是我们自己族群人为代价的。或者，当它针对其他我们认为无关紧要的人（因为我们只考虑自己）时，即便我们有思考的话，我们也会认为我们的行为仅仅是犯罪而不是种族灭绝。

在600代或不到的时间里，人类从孤立的小群落开始，探索了整个地球，并在其中大部分地区定居，形成了不同的文化，从事高度全球化的商业活动，但也成功地时不时生活在相互的恐惧、嫉妒或蔑视中，以至于现在，作为人口越来越多的国家，甚至更大的自我认同的群体——表面上往往具有宗教色彩，我们利用自己的聪明才智，与那些我们感到有威胁的人，或我们觊觎其土地或资源的人无休止地交战。我们的冲突倾向已经日益成为一种灾难处方。在12 000多年中它给人类带来了苦难，正如它给我们今天带来了苦难一样。

此时此刻，我们的传承真是福祸参半的祝福。正如查尔斯·狄更斯（Charles Dickens）描述他的时代和法国大革命时期一样，"这是最好的时代，也是最坏的时代……"，今天就是这样。我们有美好的，也有糟糕的。我们拥有非凡的文明鼎盛的精华，我们也有似乎与生俱来的好战和交战造成的残缺破碎。如果我们的传承是福祸参半的祝福，那么也许应该注意到"祝福"（blessing）这个词已经隐含了这个困境，就像法语单词blessure一样，它意味着伤口，同时也有祝福的含义。也许正因为如此脆弱、容易受伤，我们可以发展出更多的了知，认识到我们与生俱来的权利，认识到我们都是同名的物种，最终只有通过体验和接纳这种伤害、找到尊重它的方法，而不是出于恐惧和愤怒给它戴上面具将它密封在我们的意识中，那只会让我们无休止地受它驱役和制约。

从基因上讲，我们是一个种族。即便世界上两个看起来最不一样的人，从基因来看，实际上是几乎相同的。在最黑和最白的、最高和最矮的人之间，我们的DNA中最多只有千分之一的核苷酸是不同的，也就是说，99.9%都相同。我们是一个部落，一个家庭，但我们尚未认识到这一点。我们人类都是紧密相连的。我们如何对待彼此关系到我们所有人的健康和福祉，甚至关系到我们作为一个物种的生存，不是在某个模糊的未来，而是就在此时此刻。

当然，不同的文化对相互联结和关系有着截然不同的看法。但是在12 000年前和更早的时候，这些差异和敌意对地球的福祉或物种的生存可能没有多大影响，更不用说文明和文化了。人类群体彼此分开生活，每个群体都主要专注于吃、睡、繁衍和生存。无论他们做了什么，他们都仅仅是自然界的一小部分，数量比现在少得多，因而他们的生活甚至冲突都得到了相对的控制。我们的远祖显然有丰富的内在生活，他们精心绘制的洞穴壁画和雕像可以证明这一点，这些作品可以追溯到旧石器时代。他们的艺术是非凡的，他们的技术确保了它能同样流传下去。很显然，即使住在洞穴里，想要描绘和庆祝在浩瀚的大自然中存在的奥秘、去确认他们这种体验的冲动，是不可阻挡的。

12 000年后，这个星球前所未有的拥挤，人口的数量呈指数级增长，自然资源日益稀缺。不同的文化中存在着持续的仇恨、敌意和不信任的潮流，即使我们努力超越我们一直认为的与祖传土地的血缘关系和婚姻联结。联合国是一种努力，它承认我们大家有着根本的一致性，寻求和平的方式来调和我们的分歧。就这一点来说，虽然它还在初期，但无论它会发展成什么，这都是一种崇高的努力。

我们要完全发展成一个物种和国家间的国家（无论"国家"的概念和制度将持续多久），似乎是时候承认，人类历史走到这一步，除了有我们内在的善的方面，还通过大量的掠夺和抢劫。人们要么顺应，要么什么都不做。整个文明被他们无法防御的病原体摧毁，他们被征服，或者用叶芝的话说，被置于剑下[⊖]。这种情况在历史上一再发生。

⊖ 爱尔兰诗人叶芝的诗《天青石雕》（*Lapis Lazuli*）中一句，"Old civilizations put to the sword"。——译者注

我们知道，美国过去有不可否认的种族灭绝和数百年来奴役人民的事实。我们还知道，这些暴行的后遗症一直持续到今天。为什么我们如此急于淡化这段历史，或者完全忽略它呢？很显然，看着它并在其中看到自己是痛苦的。欧洲人想要把这个世界据为己有，并以带给原住民巨大代价的方式得到它。他们想要劳工为他们的土地工作，为他们积累财富，他们无情地掳走数百万非洲人去他们的"新"世界里做奴隶，那些人甚至不被视为人类。"奴隶贸易"，仅仅把这两个词并列在一起，也会带来难以想象的痛苦和残忍。

并且，美国，包括北方和南方，在这段篡夺其他民族的居住空间和征服其他民族并将之视为低等人的历史中，并不是唯一的。这种情况一直持续到今天。

现代文明，跟殖民地时代一样，需要自然资源来满足其发展。但是，我们的消费规模使殖民地时代相形见绌。市民社会需要能源来运转机器，需要原材料来喂养工厂，需要市场来销售商品。它是一个需要不断投喂的有机体。我们现在憎恶奴隶制，但我们仍然被集体贪婪和自以为是的思想所奴役——尽管听起来不舒服。这种思想的特点是，我们群体的需要和欲望高于其他人——那些我们认为不那么幸运、不那么值得或不太"进化"的人。无论这种他者化和去人性化采取什么形式，都再次忽略了他们就是我们。

过去和现在，我们都饱受这些暴行之苦。它们实际上是贪婪和无知的悲剧，但我们却倾向于将其合理化，称其为不可避免的"人性"。作为一个国家，我们似乎再也承受不起这种自我中心的傲慢，它违背了我们所宣称的人人都有自由与正义，以及追求生命、自由和幸福的理想。战争现在持续几天，或者几个星期，或许会永远持续下去。但是我们自己内在的、人类种群之间的战争似乎永无止境。

怎么办呢？

也许我们需要认识到并有意地脱离我们过去的经验，仔细地向内也向外聆听现在和未来。或迟或早，我们将不得不认识到，我们在美国的言论中颂扬着神圣信任，但在现实中，我们的许多行动都是掩饰或背叛它的。作为一个物种，作为一个多民族国家，作为当下唯一但也正在迅速消失的"超级大国"，我们再也不能不清醒过来，认识到自己最真实的本性了。我们不妨回顾一下，埃及人、波斯人、希腊人、罗马人、撒拉逊人、玛雅人和印加人所建立的国家都曾是当时唯一的"超级大国"。

在这个时代，我们的机会是作为一个物种，而不是作为一个超级大国。作为一个物种，我们蓄势待发，准备进行一个量子跃迁到达另一个存在的层面。我们越来越清醒地认识到，我们通过自己的聪明、勤勉、爱与仁慈的能力，给世界带来了美与善；我们也越来越意识到，需要正视我们经由贪婪和疏忽给世界带来的伤害和苦难。

我们现在正处于一个丰富多彩的转折点，一个无价而微妙的结合点。一边是过去行为在当下累积的结果，另一边是我们物种内在光辉的意识具身化，当我们与宇宙的内在律法一致时，我们心中一切明、善、仁和慧的东西就会实现。这包括认识到我们在任何时刻制造天堂或地狱、终极幸福[⊖]或极大痛苦的能力，而这取决于我们有多正念还是不够正念，取决于我们有多自由还是被欲望、渴望、恐惧、妄想和渺小狭隘的自我意识所困。当我们在个人生活中培育并在与世界的关系中体现正念时，这就是正念的礼物。它还包括承认和尊重我们自己本性中非常真实的阴暗面，而不屈服于它。

这一挑战无异于给我们物种敲响了警钟。我们面临的选择是：抓住机会转换意识，通过培养我们的感知觉能力、正念能力、觉知能力、慈悲能力来经历一次量子跃迁，尽管这会有些混乱，并且考虑到我们在当下累积的所有结果，无论作为个人、国家，还是作为这个星球的公民，这都需要相当大的动力和持续的努力与实践；或者，

⊖　英文原文是eudaimonia，希腊哲学家亚里士多德提出的一个概念。——译者注

我们也可以承受因为我们的疏忽带来的更可怕的后果，在这个地球上的生命蓬勃发展的关键时刻、在我们所有人追求最完整和最智慧的可能性的时候，我们忽视了什么是最重要、最基本的东西。随着生命的展开，这样的选择每时每刻都在上演，一直如此。只是随着变化速度越来越快，风险也越来越高，而我们的技术又提供了更新的方式来造成恶意、伤害或带来难以想象的利益，这往往很难区分和厘清。

我们渴望真实地体验和亲近这个世界，真实地对待我们作为人类最深层的本性。你甚至可以说，我们渴望真实的体验，渴望深度的、具身化的真实。我们渴望自由，渴望与自己、与世界的深度联结，渴望自由地去做自己——无论是向内还是向外的承诺。为了体验自由，我们必须从自己狭隘的思想和封闭的心灵中解放出来，庆祝我们本自有的自由、我们从拥有所属中获得的自由。讽刺的是，我们渴望的内在平静、联结和真正的幸福，这本就是我们与生俱来的权利。真正的幸福，不受环境影响，已经被证明是难以捉摸和短暂的，因为我们如此迷失在我们头脑的欲望中，以致在某种程度上失去了理智，忘记了自己的心，物化为小小的自我意识。

那么我们如何去体验这种自由、这种强烈的幸福呢？就像你去卡内基音乐厅一样。练习，练习，练习。正念，正念，正念。正如鲁米所说，让我们所热爱的美（和我们自身的美）成为我们的所为。

过去的一万两千年文明，我们成长为现在的自己，这是一个孵化和孕育的时期。现在，一种新的出现不仅是可能的而且是必要的——对晚期智人来说这是一次量子跃迁，对这一代人和接下来的几代人而言，是一个体验这里要体验的、知道我们要知道的东西的机会。为此，我们需要意愿和决心，也需要耐心和智慧。我们需要从几百年的角度来考虑，而不仅仅是接下来的几年。美国的原住民谈到，真正的地球管理需要牢记至少七代人的福祉。我们最好用这种方式来照料这个世界。毕竟，他们——那些尚未到来的人类——就是我们。

第十五章

对自然的本质和我们身在何处的反思

　　在我十二岁的时候，我们一小群男孩和家人在马萨诸塞州的伍兹霍尔海洋研究所一起过夏天，因为父母和那里的实验室有联系，我们经常去当时镇上最酷的地方——海洋生物实验室（MBL）俱乐部玩；也就是说，当我们不骑自行车、不在沙滩闲逛或回家吃午饭的时候（都在那里）。俱乐部房间里装饰着彩色玻璃球、海星和大蟹壳，悬挂在天花板下挂着的渔网里。舒适的凹室里，排列着发霉的书籍，有内置软垫的双人沙发，棋盘散落四处。我还记得在玩乒乓球之类游戏间隙，我们对那些重大话题进行了长时间的高谈阔论。贾斯金的药店（Jaskin's Drug Store）里摆着一整架"旋转的导师"系列⊖平装书，每本售价50美分，书名有乔治·伽莫夫（George Gamow）的《从一到无穷大》（*One, Two, Three ... Infinity*）、《太阳的生与死》（*The Birth and Death of the Sun*），弗雷德·霍伊尔（Fred Hoyle）的《天文学的前沿》（*Frontiers of Astronomy*）。我们买了下来，如饥似渴地阅读，完全着迷了。我们坐成一圈，喝着绿色瓶子的可乐，那是从MBL地下室的红色大机器里买来的——放进硬币后，你必须把大把手拉到右边，让瓶子掉下来。我们大声地相互朗读，辩论着"大爆炸"和稳态理论，宇宙和意识的本质，以及这对我们生命的意义。我现在还有那本《从一到无穷大》，它有一股旧平装书的味道，书页发黄易碎，书脊已经断裂了。

　　快进（我们都知道快进所带来的画面，但这个词在1956年还没有任何意义）到现在吧。在一本可爱的书中——这是对应我们小时候读的书的现代版，书名叫《优雅的宇宙》（*The Elegant Universe*）——作者理论物理学家布赖恩·格林（Brian Greene）告诉我们，按照超弦理论的约束要求宇宙应该是十一维的。这对我们中的一些人来

　　⊖ 指美国出版社A Mentor Book出版的系列书。——译者注

说可能有点难以理解，因为我们才接受爱因斯坦的见解，即宇宙由四个维度组成，第四个维度是时间。

尽管如此，物理学家们现在相信（如果说物理学家是一个正确的术语的话）或正在认真考虑这种可能性：宇宙在大爆炸中从"无"产生，这是一个无限短的瞬间，不可想象地短暂，开始的时间大约在137亿年前（这听起来比任何古代创世神话——诸如巴比伦或其他神话——都要奇怪），它是一个十一维的宇宙。

显然，最初的十一个维度中有七个在创造的那一刻没有"展开"，结果我们现在看到的是三个维度的表象，再加上时间。真可惜它们错过了一次展现自己的机会。尽管如此，它们仍然"在这里"，以其原始潜能蜷缩在万物内部或万物之间（如果我们可以这么说的话），它们必须这样让宇宙"工作"，让质子成为质子、电子成为电子、夸克成为夸克。所有这一切显然来自数学本身，宇宙的数学——这本身就是一个有趣的概念。当然，我们的感官只适用于三维，或者可能是四维，这取决于你的敏感程度。

再次从大爆炸那一刻快进到现在。我们的身体在每个层面上都是完整的星系，一直到细胞和亚细胞层面。这些我们称之为"我们的"身体实际上是真正的宇宙，由难以计数的原子组成，更不用说组成它们的基本粒子了，它们与其所嵌套的更大宇宙的其他部分进行着持续的动态交换。一旦到了原子水平，你会发现它们实际上几乎完全是空的，因为原子本身几乎完全是空的，只有微小的能量场凝结成我们通常所说的粒子，但概率波（probability waves）对它同样也是很好的描述，即在任何情况下，在每个原子的原子核中巨大能量特别集中的轨迹。

因此，大爆炸，加上漫长的时间，诞生了人类形体，而且显然还神秘地产生了思想，产生了感知觉。多么奇妙，多么神奇莫测，多么难以置信！这就好像我们是氢原子——或夸克、或弦、或任何在这个世界上的最基本组成物质（这个从虚无中涌生出宇宙的原初冲动）——通过被称为意识或感知觉的东西，最终观察自身并在某种程度上认识自身的方式（也可以是另一种形式的比喻）。感知觉对认知神经科学而言是一个巨大问号，正如我们已经观察到的（见《正念疗愈的力量》），如果没有人知道如何从物质和神经元到对一个结构世界的主观体验、从某个波长的光子到我们感知到的"蓝色"体验，更不用说那个似乎"在外边"的世界了，而"在外边"只有在与我们"在里面"的经验的对应关系中存在（见《正念地活》）。似乎关系才是最重要的，而不是分离。分离在某种程度上是虚幻的，只在传统上成立，以及为了有时候说起来方便。因此，正如尤吉·贝拉可能会说的那样，要在短时间内解释感知觉可能还有一段很长的路要走。

　　并且，通过望远镜、分光光度计，以及其他通过卫星发送到太空的仪器或在地球上的仪器（有些深埋在地下），我们的感知觉范围更加扩大了。重要的是，我们发展了的感知觉能力现在似乎发现，宇宙的物质和能量只有很小的一部分（天文学家估计为4%）是以我们所知道的物质形式存在的。其中近四分之一是所谓的"暗物质"，到目前为止，还没有人真正知道它由什么组成，但如果没有它，星系显然会分崩离析。其余的，大约72%是"暗能量"，它似乎正在以增长的加速度推动宇宙离开，可以说是一种反引力。更重要的是，只有一个"宇宙"的说法目前被认为是过时和不太可能的。科学家们现在认真地谈论宇宙的"多元性"，并有令人信服的理由来解释为什么这可能是对我们所说的"现实"的更好、更准确的描述，尽管根据定义，我们可能无法证明其他宇宙的存在，至少无法直接证明。⊖

　　无论如何，回到我们自己、回到我们感知和了知的能力上来，复合体（比如生命和感知觉）从较低复杂体（比如惰性物质）中出现，是一种看待混乱、复杂和秩序相互

⊖ Tegmark, M. *Our Mathematical Universe*: *My Quest for the Ultimate Nature of Reality*, Knopf, New York, 2014; Greene, B. *The Hidden Reality*: *Parallel Universes and the Deep Laws of the Cosmos*, Knopf, New York, 2011.; Randall, L. *Knocking on Heaven's Door*: *How Physics and Scientific Thinking Illuminated the Universe*, HarperCollins, New York, 2011.

作用的方式，它试图从概念上、理性地向我们解释这些现象。但因为这一切似乎都"起源"于大爆炸的那一刻，所以我们仍然要面对一些从无到有的东西、从"空间之前"而来的空间、从某个点开始的时间，在这之前，没有任何东西，所有的物质都以无限的纯粹能量的形式从虚无中出现。嗯。这一切怎么不会让孩子们对科学产生兴趣呢？我想会的。

另一种看待事物的方式是，事物不能从无到有，尤其是意识不能从物质中产生。这更像是佛教的观点。

在这个时代，有这样两种重要方式在动态对话中探索现实的本质和心灵的本质，真是令人着迷。

有物混成，
先天地生。
寂兮寥兮！
独立而不改，
周行而不殆，
可以为天地母。
吾不知其名，
字之曰道，
强为之名曰大。

——老子，《道德经》

最后再想想我们这个"宇宙",也就是我们自己。在某个层面上,我们的身体几乎完全是一个空的空间(或场),只有极少高度凝聚的能量中心点,我们称之为质量。往上走,这些中心点首先是弦(如果某种形式的弦理论有一点点正确性的话,虽然这点目前还远不能确定),然后是夸克、电子、质子和中子,接着是原子。继续往上,我们注意到原子会构成小分子、中分子、大分子(如酶和蛋白质)和巨型分子,如DNA,就像"软件"的主矿脉,驱动和调节着这个星球上的生命宇宙。然后是分子的巨型联合体(细胞器),如核糖体、内质网和高尔基体。(这些词听起来难道不是很神秘和有趣吗?)

所有这些只是描述了人体内一个细胞的一小部分。正如我们所看到的,人体由难以计数(10万亿~100万亿)的细胞组成,所有这些细胞都来自一个细胞——受精卵。受精卵本身来自两个细胞,分别来自它父母的宇宙——之所以会来到一起,是因为在标准情况下我们父母的身体来到了一起。⊖

我们是否经历过这些,以这种方式了知自己,哪怕只是一瞬间呢?我是说不仅仅通过思想来了知(虽然深入的

⊖　这还不包括身体表面或体内的微生物、细菌,据不同估计,它们的数量等于或超过人体的细胞数。举个例子:https://www.ncbi.nlm.nih.gov/pmc/articles/PMC4991899/。

思考以及物理、化学、生物学和认知科学的知识是有帮助的），还通过觉知，通过感受和感知，通过具身体现和邀请我们的心灵安住并充盈身体，从皮肤表层一直到肌肉、关节、骨骼、肝脏和肺，有时搏动的生殖器、总是搏动的心脏、血液和大脑，以及其他任何在情绪中可能会唤起的器官和组织，一直到细胞本身，再往下到染色体、核糖体和在这个以水为主的世界里不停工作的酶（如果我们可以称之为工作的话），再往下到分子、原子、夸克和弦，以及它们之间和它们内部的虚空，包括现实或自然本身没有展开的那七个维度。

换言之，在这一时刻，我们能否同时在物质与非物质、客体与主体，以及超越主体与客体的层面上认识我们的全部呢？我们能看见、认识、获得和接纳生命的奇迹和神秘吗？我们能看见这一切都在运作，我们能思考，我们能活动、行走、交谈、消化食物、做爱、生孩子并养育他们到成年、找到食物及其意义、创造艺术和音乐、找到彼此、照顾彼此、一起工作，最终也许，甚至能了知我们自己吗？

考虑到人类面临的紧迫性和高风险，我们是否也能在紧要关头认识到，在许多方面，在精神上和物质上，我们正在很具讽刺性地、不知不觉地毒害我们自己和我们的生物圈，由于我们无尽的、宏伟的但未经检验的早熟，由于我们的恐惧和贪婪，由于我们的聪明才智和勤奋努力呢——当我们变得依附、固守、专注、喜悦于部分而对整体和更大的整体不感兴趣时，这种聪明就会变成危险？

过去，人类不太了解我们的活动如何影响整个地球，也不知道目前所遭受的各种不安和疾病的本质。现在，我们至少开始讨论世界的健康状况，监测其生命体征的各个方面，并思考它们的意义和潜在后果。现在，我们关注地球及其健康，以及我们对地球福祉的影响。总而言之，也许这种关注和关怀本身就是这个星球上智慧生命的标志——希望它成为智慧的化身，并且不可分割地成为对众生、对有情的慈悲。包括我们的，也包括我们孩子的。

第十六章

展开隐藏的维度

令我惊讶的是，没有"展开"的隐藏维度的隐喻在我们的生活中有着实际的应用。如果物理学家能以这种奇怪的方式认真思考，或许我们也都可以，进而能更仔细地观察我们眼皮底下的东西。

我们可能会说，在我们的生命中有多个维度紧紧地蜷缩在我们的内心，无论出于什么原因，至少到目前为止，还没有机会展开。如果它们真的展开了，也许就会成为我们生命中的"大爆炸"。许多故事以这种方式谈论冥想传统中的启示和清晰的见解，如同顿悟的突然爆发。它们并不比科学为我们准备的东西更奇怪。

其中一个隐藏的维度就是当下。当下总是就在这里，但它对我们来说往往是不明显的，因此它实际上是不可用的，也就是说，我们不能利用它。当我们处于到达某个地方、期待一个更好的时刻或一个最终结果的压力下时，它丰富的维度是隐藏和未知的。我们快速越过此刻而没有注意到它，没有注意到我们总是在它里面，实际上也没有其他地方可以去或停留，没有其他时间可以拥有——除非我们失去理智，忘记我们的心。

当下这个维度有可能为我们展开吗？可能的。可以的。

需要做什么呢？停下来，看一看、听一听如何？如何让我们清醒过来？

早些时候（见《觉醒：在日常生活中练习正念》中的"被看见"和《正念疗愈的力量》中的"抵达某处"），我们顺道拜访了T.S.艾略特（T. S. Eliot）在《四个四重奏》（*Four Quartets*）中的丰盛宴会，品尝了甜点。如果我们还有胃口的话，还可以花点时间来消化这些不朽的诗句。

> **无人知晓，因为无人寻找，**
> **而只是听到，隐约听到，**

在大海两次潮汐之间的寂静里。

倏忽易逝的现在，这里，现在，永远——

一种极其简单的状态。

（要求付出的代价却不比任何东西少。）

我们所具有的在当下觉醒的力量和深度是不可想象的，就像真空的巨大能量、原子深处或空间结构中未展开维度的微小一样不可想象。就当下而言，没有办法相信它，也没有必要相信它。我们只需要体验它，亲眼看它如何为生活添回一个维度，也给了我们其他的自由、全新的领域和方式，在此刻短暂地安住于我们的生活和世界。这些短暂的时刻加在一起，很快就组成我们所谓的一生的时间，而且如此容易错过。这是一个我们都被召唤参加的盛会，每时每刻都被邀请用餐，正如德里克·沃尔科特优美地表述的那样："坐下。尽情享受你的生活。"

第十七章

心存高远放眼看

想象一个无限浩瀚的空间，没有起点，没有终点，没有中心。巨大的虚空，但充满了离散的物质焦点，星系中有着难以计数的恒星，它们穿过不可思议的距离和时间聚集在看起来像泡泡一样的东西里，好像虚空外覆盖着一层膜。然而，它们处在一个加速膨胀的过程中，以惊人的速度相互退却，这个过程可以向前推演137亿年。在那个时点，正如我们所看到的，所有的物质和能量、空间和时间都必须凝聚成一个没有任何维度的小点滴（不管怎么称呼它），也没有任何外部，因为宇宙没有外部。

在这无限浩瀚的空间和难以想象的永恒时间中，我们可以想象在一个星系的边缘，有一颗相对年轻且不起眼的恒星，地球很偶然地与这颗恒星相隔一段惬意的距离，处在一个被称为金发姑娘地带的甜蜜区[⊖]（对于复杂生命形式的出现而言，这个距离既不太热也不太冷）。我们这颗行星大约在40亿年前，与太阳以及太阳系中的其他行星一起，由比氢和氦更重的原子组成的薄云形成。这些原子云在前几代恒星的熔炉中形成，一些恒星燃烧氢时会发生壮观的爆炸，并最终屈服于自身持续且巨大的吸引力，也就是我们所说的重力。想象一下早期地球上的景象，在难以想象的漫长时光里，没有生物居住，亿万年里地壳板块不断形成又重组，生命整个缓慢培育的过程——海洋中的生命，陆地上的生命，空中的生命——最初生命形式极其简单，后来越来越复杂，然后相比之下，几乎是几秒钟的不可思议的短暂时间里，产生了我们，人类生命。即使我们把人类的起源追溯到30万年前，这是目前对我们物种来说最好的猜测，但与这浩瀚的时间相比，它不过是一眨眼的时间。

惊叹一下生命在这个星球上的繁花盛开吧，这个蓝绿白棕色相间，悬挂在浩瀚空旷、无边无际、黑暗的空间

⊖　金发姑娘地带的甜蜜区指恒星周围的适居区。——译者注

里的球体！惊叹一下这个事实吧：巨大的饱经风霜的岩石大陆漂浮在同样由岩石组成的熔浆的核上，更往下则是熔融的铁核，在这个大陆海岸附近的一个房子里，这些句子正被写在一台能感受手指按压的机器上，同时眼睛能看到在人造的平板屏幕上以像素的形式呈现的文字，这些文字里包含着我们称之为思想和感受的有组织的能量流，它们神奇地从头脑中浮现，而头脑自身也不知道这是如何发生的。所有这一切都神秘地依赖于颅骨中一个约三磅[⊖]重的器官，即人脑——一个由活组织构成的、具有惊人复杂性的、高度交互联系的器官，执行突触传递，并加以调节和抑制，是已知宇宙中名副其实最复杂的物质组织。而所有这些都是很久很久以前——以我们微不足道的时间标准来衡量，从非洲的小型树栖灵长类进化而来的。

让我们再一次反思这种遗传：我们正在谈论的，是我们所知的宇宙中最复杂的物质和能量流的安排，就在我们的颅骨下面，并延伸到我们神奇的头部和身体。

然而，我们可能或多或少地在自动导航中度过一天，无休止地担心：担心钱，担心我们是否能支付账单；担心我们的孩子，他们在这个世界上如何生活；担心我们是否快乐或永远快乐；担心别人是否喜欢我们；担心我们是否能取得应有的成功；担心我们是否能得到我们渴望的爱和

⊖　1磅=0.453千克。

接纳；或者担心我们是否会有自己的时间，考虑到无休止的待办事项清单的压力和我们花在屏幕使用上的时间。我们担心经济。我们担心我们的身体和心灵，担心未来甚至担心过去（从某种意义上说，我们咬着过去就像狗啃咬着骨头一样）。我们担心疾病，担心衰老，担心失去我们的感官能力，因为我们感知到视力、听力甚至通过双脚感知大地的能力在衰退。我们担心没有时间，担心需要更多的时间，担心有太多的时间，担心希望事情有所不同，也许更好、更令人满意。或早或晚，我们会开始担心死亡。

我们还担心我们所生活的世界，这个世界有时看起来如此残酷、毫无意义，无数人生活在贫困和肮脏之中，直到他们有时像拥有了魔法一样自己找到了它。我们担心这个世界，在这个世界上，猜疑、暴力和侵略行为有时施加在他人身上，有时施加在我们自己身上，有时也发生在自然世界里。作为我们制造和销售产品的天然驱动的副产品，我们继续掠夺，并因野心而加剧，以垄断一些市场，提高一些回报，开辟一些利基市场，击败我们的竞争对手，让美国再次伟大，获得更多的钱和更多的东西，并希望，作为所有这些的结果，找到幸福。

我们是不是有点儿失去了洞察？作为个体和作为物种，我们是否忽视或忘记去观察和感受我们的整体状况？我们是否也忽视了我们的渺小、我们的无足轻重、我们的完全短暂性呢？或者，我们是否在无意识地试图弥补我们的脆弱和不安全感，通过坚持控制和支配自然，而不是记住我们生于自然，并无缝交织于其中呢？因此，最重要的事情是不是在我们出于未经检验的动机而采取行动之前——以及在我们耗尽时间之前，了解我们自己和我们的本性呢？

我们是否也忽视了我们的美丽和非凡的潜力呢？忽略了在这个非常奇怪的宇宙中真正智慧之花神秘绽放的可能性？这个宇宙是我们的家园，我们是否可以学会在家中更自在呢？我们是否忽视了人类形式的奇迹呢？这诞生在恒星中的少量原子是人类的身体，是人类生命的全部礼物，它是否可以更美好、更完整地生活呢？我们是否可以与我们的基本创造力、我们的感知觉、我们的意识、我们在此处的临在、我们对彼此的绝对需要相联结而不是忽略？我们是否能以敬畏和惊奇的眼光看待这个宇宙，我们在其中出现和此刻正居住其中的宇宙？

从宇宙的角度、从无限的空间和难以想象的时间的角度来看，在这个小星球上发生的一切都是无关紧要的。但对我们来说影响重大，因为我们生活在这里，并且很快，我们行为的一切后果和从中学到的教训就会传给我们的后代。是否是时候去获取我们全部的内在能力，在我们还有机会的时候探索生而为人的完整意义，并成长为更完整的人呢？

有相当多的证据表明，在未来几十年和几个世纪，我们作为一个物种的进化正接近一个拐点、一个临界点。作为创造者和思想者，我们的早熟已经把我们带到了这样一个地步：我们可以影响自己的基因，追求改变基因来延长寿命（如果不是永生的话）；试验人机交互存储和检索信息（如果可能的话，谁会拒绝记忆升级的机会呢）；设计的机器不久就能比我们"思考"得更好、更快，也许有一天还会和我们一样能感觉，或者至少会越来越能模拟感觉；也许，在不远的将来，我们还可以制造出极小的可编程和自我复制的机器和机器人，小到我们可以吞下它们，让它们保持我们的身体形状，一个分子接一个分子地，也许是"永远"。

虽然只是面对这些可能性，以及许多其他目前不可想象的事情，但在这种文化中必然很快会出现。因为在这种文化中，只要我们想到的事情在技术上是可能的，那么迟早都会发生，即使很少有人对此发声，也只有少数人认为这是一个好主意。《旧约》中的先知们斥责他们的子民疏忽大意。如果他们今天还活着，他们可能会以同样的充沛精力来斥责我们作为一个物种的疏忽大意。在这盲目的喧嚣上不管是否有声音被听到，考虑到我们的早熟从古老的圣经时代起（其实只是不久以前）就把我们所带向的地方，人类现在已经不能承受自己巨大的内在忽视——忽视我们是谁、在哪里，忽视我们个人和集体行为的后果。

也许是时候让我们拥有并完全回归到我们赋予自己的物种名称里了——智人，知道并知道它知道的物种，换句话说，它的特点是觉知和元觉知（awareness and meta-awareness）的能力$^{\ominus}$。这不可避免地邀请我们回到自己的感知觉，回到我们的感官，包括字面地和隐喻地，在我们还有时间这样做的时候。虽然我们可能没有意识到，但总的来说，这个时间比我们想象的要短。风险也更高。最后，岌岌可危的不是别的而是我们的心、我们的人性、我们这个物种和我们这个世界。我们所能得到的是关于我们是谁和我们是什么的全谱信息。我们需要做的并不是什么特别的东西，只是作为人类，开始更加系统地关注事物，清醒地认识事物的本来面目，并以正直、智慧、关心和关爱行事。通过每日的正念培育，与你的念头、你的生活和世界友好相处，作为对当下、对生命本身，以及对持续的学习和成长、疗愈和转化的爱恋，这很可能是培养具身体现的觉醒和智慧的基本要素。如果我们做好这一点，并愿意完全安住于当下，其他一切都会随之而来。

$\ominus$ 这里不是认知和元认知，因为我们的认识过程是更多维的，不仅仅是认知而已，就像我们的思考能力一样神奇。如我们所见，智人也意味着通过品尝去了知，是我们所有感官的集合，远超过传统的五感。

致　　谢

　　说起来，包括本书在内的四本书的英文版已经出版了一段时间。承蒙众人厚爱，不少朋友在这本书的写作、出版等不同环节做出贡献，我希望能在此表达我对他们最由衷的感谢。

　　首先我要感谢我的师兄，剑桥内观冥想中心的Larry Rosenberg，还有Larry Horwitz，以及我的岳父Howard Zinn。他们花一天时间读了我的手稿并非常热忱地提出了极具创造力的见地。当然我还要感谢Doug Tanner、Will Kabat-Zinn、Myla Kabat-Zinn等人，他们从读者的角度为我的手稿提出了许多睿智的建议和反馈。还有这本书的版权发行方Bob Miller和最开始的编辑Will Schwalbe，他们现在都在Flatiron Books工作，感谢他们的支持和友谊，无论是那时还是现在。

把最衷心而特别的感谢、感激献给我这四本书的编辑，Hachette Books的执行主编Michelle Howry，还有Lauren Hummel和她的Hachette团队，你们对整个系列的高效协作都让我深感恩惠。和Michelle一起工作，让这趟旅程的每一步都充满了愉悦。你对书中每个细节的关注渗透在方方面面，万分感谢与你的合作，是你一如既往的专业度让这个项目能够持续处在正确的轨道上。

在完成这个系列书的过程中，我得到了如此多的支持、鼓励和建议，当然，此书中任何不正确以及不足之处全都是我的原因。

我希望可以对我的教学团队的同事们表达深深的感激和尊敬，他们过去及现在都在减压中心门诊和正念中心供职，还有最近作为CFM全球联盟机构网络的一部分的老师和研究者们，所有人都或多或少为创作这四本书投入了他们的精力及热情。不同时期（1979～2005年）在减压门诊教授MBSR的老师：Saki Santorelli，Melissa Blacker，Florence Meleo-Meyer，Elana Rosenbaum，Ferris Buck Urbanowski，Pamela Erdmann，Fernando de Torrijos，

James Carmody，Danielle Levi Alvares，George Mumford，
Diana Kamila，Peggy Roggenbuck-Gillespie，Debbie
Beck，Zayda Vallejo，Barbara Stone，Trudy Goodman，
Meg Chang，Larry Rosenberg，Kasey Carmichael，Franz
Moekel，已故的 Ulli Kesper-Grossman，Maddy Klein，
Ann Soulet，Joseph Koppel，已故的 Karen Ryder，Anna
Klegon，Larry Pelz，Adi Bemak，Paul Galvin和David
Spound。

　　时间来到2018年，我非常感激、钦佩现在正念中心联
盟的伙伴们：Florence Meleo-Meyers，Lynn Koerbel，Elana
Rosenbaum，Carolyn West，Bob Stahl，Meg Chang，Zayda
Vallejo，Brenda Fingold，Dianne Horgan，Judson Brewer，
Margaret Fletcher，Patti Holland，Rebecca Eldridge，Ted
Meissner，Anne Twohig，Ana Arrabe，Beth Mulligan，
Bonita Jones，Carola Garcia，Gustavo Diex，Beatriz
Rodriguez，Melissa Tefft，Janet Solyntjes，Rob Smith，
Jacob Piet，Claude Maskens，Charlotte Borch-Jacobsen，
Christiane Wolf，Kate Mitcheom，Bob Linscott，Laurence
Magro，Jim Colosi，Julie Nason，Lone Overby Fjorback，
Dawn MacDonald，Leslie Smith Frank，Ruth Folchman，
Colleen Camenisch，Robin Boudette，Eowyn Ahlstrom，
Erin Woo，Franco Cuccio，Geneviève Hamelet，Gwenola

Herbette，Ruth Whitall。Florence Meleo-Meyer 和Lynn Koerbel，她们是出色的领导者并在CFM滋养着全球MBSR的老师们。

　　还要感谢那些从一开始就在不同方面精准而严格地为MBSR诊所和正念医学中心、护理中心和社会其他各种不同形式的诊所而倾尽全力的人：Norma Rosiello，Kathy Brady，Brian Tucker，Anne Skillings，Tim Light，Jean Baril，Leslie Lynch，Carol Lewis，Leigh Emery，Rafaela Morales，Roberta Lewis，Jen Gigliotti，Sylvia Ciario，Betty Flodin，Diane Spinney，Carol Hester，Carol Mento，Olivia Hobletzell，已故的Narina Hendry，Marlene Samuelson，Janet Parks，Michael Bratt，Marc Cohen，Ellen Wingard；还有在当下这个时代，在Saki Santorelli17年来领导下发展起来稳固的平台。我还要将感谢献给平台现在的领导者们：Judson Brewer，Dianne Horgan，Florence Meleo-Meyer，Lynn Koerbel，Jean Baril，Jacqueline Clark，Tony Maciag，Ted Meissner，Jessica Novia，Maureen Titus，Beverly Walton，Ashley Gladden，Lynne Littizzio，Nicole Rocijewicz，Jean Welker。还要向Judson Brewer深深鞠躬，2017年他创设了马萨诸塞大学医学院正念部门——全球医学院中第一个正念部门，这是一个时代的标志，也是对未来之事的承诺。

　　这里我还要感谢2018年CFM的各位研究者，是你们广泛的兴趣且富有深度的工作成就了这份贡献：Judson Brewer，Remko van Lutterveld，Prasanta Pal，Michael Datko，Andrea Ruf，Susan Druker，Ariel Beccia，Alexandra Roy，Hanif Benoit，Danny Theisen和Carolyn Neal。

　　最后，我还要向全球各地数以千计的正念研究者们（或从事与正念相关工作的人们）表达我的感激和尊敬，他们分别来自医药学、精神病学、心理学、健康护理学、教育学、法学、社会正义、面对创伤和种族灭绝的难民的疗愈、分娩和养育、企业、政府、监狱及其他社会机构。你知道我说的是谁，不管你的名字有没有在这里被提到。如果没有你的名字，那只是因为我记性不够好和书的内容有限。另外，特别感谢Paula Andrea、Ramirez Diazgranados在哥伦比亚和苏丹的工作；童慧琦在中国内地（大陆）和美国的工作，还有来自中国香港和中国台湾地区的方玮联、陈德中、温宗堃、马淑华、胡君梅、石世明；韩国的Heyoung Ahn；日本的Junko Bickel和Teruro Shiina；芬兰的Leena Pennenen；南非的Simon Whitesman和Linda Kantor；比利时的Claude Maskens，Gwénola Herbette，Edel Max，Caroline Lesire，Ilios Kotsou；法国的Jean-Gérard Bloch，Geneviève Hamelet，Marie-Ange Pratili，Charlotte Borch-

/ 致　谢

Jacobsen；美国的Katherine Bonus，Trish Magyari，Erica Sibinga，David Kearney，Kurt Hoelting，Carolyn McManus，Mike Brumage，Maureen Strafford，Amy Gross，Rhonda Magee，George Mumford，Carl Fulwiler，Maria Kluge，Mick Krasner，Trish Luck，Bernice Todres，Ron Epstein；德国的Paul Grossman，Maria Kluge，Sylvia Wiesman-Fiscalini，Linda Hehrhaupt，Petra Meibert；荷兰的Joke Hellemans，Johan Tinge，Anna Speckens；瑞士的Beatrice Heller 和 Regula Saner；英国的Rebecca Crane，Willem Kuyken，John Teasdale，Mark Williams，Chris Cullen，Richard Burnett，Jamie Bristow，Trish Bartley，Stewart Mercer，Chris Ruane，Richard Layard，Guiaume Hung，Ahn Nguyen；加拿大的Zindel Segal 和 Norm Farb；匈牙利的Gabor Fasekas；阿根廷的Macchi dela Vega；瑞典的Johan Bergstad，Anita Olsson，Angeli Holmstedt，Ola Schenström，Camilla Sköld；挪威的Andries Kroese；丹麦的Jakob Piet 和Lone Overby Fjorback；意大利的Franco Cuccio。希望你们的工作会继续帮助到那些最需要正念的人，去触碰、澄清和滋养我们所有人拥有的最深刻、最美好的那一部分，并为人类长久渴望的疗愈和转化做出或多或少的贡献。

相关阅读

正念冥想的根源

Analayo, B. *Early Buddhist Meditation Studies*, Barre Center for Buddhist Studies, Barre, MA, 2017.

Analayo, B. *Mindfully Facing Disease and Death: Compassionate Advice from Early Buddhist Texts*, Windhorse, Cambridge, UK, 2016.

Analayo, B. *Sattipatthana Meditation: A Practice Guide*, Windhorse, Cambridge, UK, 2018.

Armstrong, G. *Emptiness: A Practical Guide for Meditators I*, Wisdom, Somerville, MA, 2017.

Beck, C. *Nothing Special: Living Zen*, HarperCollins, San Francisco, 1993.

Buswell, R. B., Jr. *Tracing Back the Radiance: Chinul's Korean Way of Zen*, Kuroda Institute, U of Hawaii Press, Honolulu, 1991.

Goldstein, J. *One Dharma: The Emerging Western Buddhism*, Harper, San Francisco, 2002.

Goldstein, J. and Kornfield, J. *Seeking the Heart of Wisdom: The Path of Insight Meditation*, Shambhala, Boston, 1987.

Gunaratana, H. *Mindfulness in Plain English*, Wisdom, Boston, 1996.

Hanh, T. N., *The Heart of the Buddha's Teachings*, Broadway, New York, 1998.

Hanh, T. N. *How to Love*, Parallax Press, Berkeley, 2015.

Hanh, T. N. *How to Sit*. Parallax Press, Berkeley, 2014.

Hanh, T. N., *The Miracle of Mindfulness*, Beacon, Boston,1976.

Kapleau, P. *The Three Pillars of Zen: Teaching, Practice, and Enlightenment*, Random House, New York, 1965, 2000.

Krishnamurti, J. *This Light in Oneself: True Meditation*, Shambhala, Boston, 1999.

Levine, S. *A Gradual Awakening*, Anchor/Doubleday, Garden City, NY, 1979.

Rinpoche, M. *Joyful Wisdom*, Harmony Books, New York, 2010.

Ricard, M. *Happiness*, Little Brown, New York, 2007.

Ricard, M. *Why Meditate?* Hay House, New York, 2010.

Rosenberg, L. *Breath by Breath: The Liberating Practice of Insight Meditation*, Shambhala, Boston, 1998.

Rosenberg, L. *Living in the Light of Death: On the Art of Being Truly Alive*, Shambhala, Boston, 2000.

Rosenberg, L. *Three Steps to Awakening: A Practice for Bringing Mindfulness to Life*, Shambhala, Boston, 2013.

Salzberg, S. *Lovingkindness*, Shambhala, Boston, 1995.

Soeng, M. *The Heart of the Universe: Exploring the Heart Sutra*, Wisdom, Somerville, MA, 2010.

Sheng-Yen, C. *Hoofprints of the Ox: Principles of the Chan Buddhist Path*, Oxford University Press, New York, 2001.

Sumedo, A. *The Mind and the Way: Buddhist Reflections on Life*, Wisdom, Boston, 1995.

Suzuki, S. *Zen Mind, Beginner's Mind*, Weatherhill, New York, 1970.

Thera, N. *The Heart of Buddhist Meditation: The Buddha's Way of Mindfulness*, Red Wheel/Weiser, San Francisco, 1962, 2014.

Treleaven, D. *Trauma-Sensitive Mindfulness: Practices for Safe and Transformative Healing*, W.W. Norton, New York, 2018.

Urgyen, T. *Rainbow Painting*, Rangjung Yeshe, Boudhanath, Nepal, 1995.

MBSR疗法

Brandsma, R. *The Mindfulness Teaching Guide: Essential Skills and Competencies for Teaching Mindfulness-Based Interventions*, New Harbinger, Oakland, CA, 2017.

Kabat-Zinn, J. *Full Catastrophe Living: Using the Wisdom of Your Body and Mind to Face Stress, Pain, and Illness*, revised and updated edition, Random House, New York, 2013.

Lehrhaupt, L. and Meibert, P. *Mindfulness-Based Stress Reduction: The MBSR Program for Enhancing Health and Vitality*, New World Library, Novato, CA, 2017.

Mulligan, B. A. *The Dharma of Modern Mindfulness: Discovering the Buddhist Teachings at the Heart of Mindfulness-Based Stress Reduction*, New Harbinger, Oakland, CA, 2017.

Rosenbaum, E. *The Heart of Mindfulness-Based Stress Reduction: An*

MBSR Guide for Clinicians and Clients, Pesi Publishing, Eau Claire, WI, 2017.

Santorelli, S. *Heal Thy Self: Lessons on Mindfulness in Medicine*, Bell Tower, New York, 1999.

Stahl, B., and Goldstein, E. *A Mindfulness-Based Stress Reduction Workbook*, New Harbinger, Oakland, CA, 2010.

Stahl, B., Meleo-Meyer, F., and Koerbel, L. *A Mindfulness-Based Stress Reduction Workbook for Anxiety*, New Harbinger, Oakland, CA, 2014.

正念的其他应用

Baer, R.A. (ed.). *Mindfulness-Based Treatment Approaches: Clinician's Guide to Evidence Base and Applications*, Academic Press, Waltham, MA, 2014.

Bardacke, N. *Mindful Birthing: Training the Mind, Body, and Heart for Childbirth and Beyond*, HarperCollins, New York, 2012.

Bartley, T. *Mindfulness-Based Cognitive Therapy for Cancer*, Wiley-Blackwell, West Sussex, UK, 2012.

Bartley, T. *Mindfulness: A Kindly Approach to Cancer*, Wiley-Blackwell, West Sussex, UK, 2016.

Bays, J. C. *Mindful Eating: A Guide to Rediscovering a Healthy and Joyful Relationship with Food*, Shambhala, Boston, 2009, 2017.

Bays, J. C. *Mindfulness on the Go: Simple Meditation Practices You Can Do Anywhere*, Shambhala, Boston, 2014.

Bennett-Goleman, T. *Emotional Alchemy: How the Mind Can Heal the Heart*, Harmony, New York, 2001.

Biegel, G. *The Stress-Reduction Workbook for Teens: Mindfulness Skills to Help You Deal with Stress*, New Harbinger, Oakland, CA 2017.

Bögels, S. and Restifo, K. *Mindful Parenting: A Guide for Mental Health Practitioners*, Springer, New York, 2014.

Brantley, J. *Calming Your Anxious Mind: How Mindfulness and Compassion Can Free You from Anxiety, Fear, and Panic*, New Harbinger, Oakland, CA, 2003.

Brown, K. W., Creswell, J. D., and Ryan, R.M. (eds.). *Handbook of Mindfulness: Theory, Research, and Practice*, Guilford, New York, 2015.

Carlson, L., and Speca, M. *Mindfulness-Based Cancer Recovery: A Step-by-Step MBSR Approach to Help You Cope with Treatment and Reclaim Your Life*, New Harbinger, Oakland, CA, 2010.

Crane, R. *Mindfulness-Based Cognitive Therapy*, Routledge, New York, 2017.

Cullen, M., and Pons, G. B. *The Mindfulness-Based Emotional Balance Workbook: An Eight-Week Program for Improved Emotion Regulation and Resilience*, New Harbinger, Oakland, CA, 2015.

Epstein, M. *Thoughts Without a Thinker*, Basic Books, New York, 1995.

Ergas, O. *Reconstructing "Education" Through Mindful Attention: Positioning the Mind at the Center of Curriculum and Pedagogy*, Palgrave Macmillan, London, UK, 2017.

Gazzaley, A. and Rosen, L. D. *The Distracted Mind: Ancient Brains in a HighTech World*, MIT Press, Cambridge, MA, 2016.

Germer, C. K. and Siegel, R. D. (eds.). *Wisdom and Compassion in Psychotherapy: Deepeing Mindfulness in Clinical Practice*, Guilford, New York, 2012.

Germer, C. K., Siegel, R. D., and Fulton, P. R. (eds.). *Mindfulness and Psychotherapy*, Guilford, New York, 2005.

Germer, C. *The Mindful Path to Self-Compassion*, Guilford, New York, 2009.

Goleman, D. *Destructive Emotions: How We Can Heal Them*, Bantam, New York, 2003.

Greenland, S. K. *Mindful Games: Sharing Mindfulness and Meditation with Children, Teens, and Families*, Shambhala, Boulder, CO, 2016.

Greenland, S. K. *The Mindful Child*, Free Press, New York, 2010.

Gunaratana, B. H. *Mindfulness in Plain English*, Wisdom, Somerville, MA, 2002.

Himmelstein, S. and Stephen, S. *Mindfulness-Based Substance Abuse Treatment for Adolescents—A 12 Session Curriculum*, Routledge, New York, 2016.

Jennings, P. *Mindfulness for Teachers: Simple Skills for Peace and Productivity in the Classroom*, W.W. Norton, New York, 2015.

Kabat-Zinn, J. *Mindfulness for Beginners: Reclaiming the Present Moment—and Your Life*, Sounds True, Boulder, CO, 2012.

Kabat-Zinn, J. *Wherever You Go, There You Are: Mindfulness Meditation in Everyday Life*, Hachette, 1994, 2005.

Kabat-Zinn, M. and Kabat-Zinn, J. *Everyday Blessings: The Inner Work of Mindful Parenting, Hachette*, New York, 1997, Revised 2014.

King, R. Mindful of Race: *Transforming Racism from the Inside Out*. Sounds True, Boulder, CO, 2018.

Martins, C. *Mindfulness-Based Interventions for Older Adults: Evidence for Practice*, Jessica Langley, Philadelphia, PA, 2014.

Mason-John, V. and Groves, P. *Eight-Step Recovery: Using the Buddha's Teachings to Overcome Addiction*, Windhorse, Cambridge, UK, 2018.

McBee, L. *Mindfulness-Based Elder Care: A CAM Model for Frail Elders and Their Caregivers*, Springer, New York, 2008.

McCown, D., Reibel, D., and Micozzi, M. S. (eds.). *Resources for Teaching Mindfulness: An International Handbook*, Springer, New York, 2016.

McCown, D., Reibel, D., and Micozzi, M. S. (eds.). *Teaching Mindfulness: A Practical Guide for Clinicians and Educators*, Springer, New York, 2010.

McManus, C. A. *Group Wellness Programs for Chronic Pain and Disease Management*, Butterworth-Heinemann, St. Louis, MO, 2003.

Miller, L. D. *Effortless Mindfulness: Genuine Mental Health Through Awakened Presence*, Routledge, New York, 2014.

Mumford, G. *The Mindful Athlete: Secrets to Pure Performance*, Parallax Press, Berkeley, 2015.

Penman, D. *The Art of Breathing*, Conari, Newburyport, MA, 2018.

Pollak, S. M., Pedulla, T., and Siegel, R. D. *Sitting Together: Essential Skills for Mindfulness-Based Psychotherapy*, Guilford, New York, 2014.

Rechtschaffen, D. *The Mindful Education Workbook: Lessons for Teaching Mindfulness to Students*, W.W. Norton, New York, 2016.

Rechtschaffen, D. *The Way of Mindful Education: Cultivating Wellbeing in Teachers and Students*, W.W. Norton, New York, 2014.

Rosenbaum, E. *Being Well (Even When You're Sick): Mindfulness Practices for People with Cancer and Other Serious Illnesses*, Shambala, Boston, 2012.

Rosenbaum, E. *Here for Now: Living Well with Cancer Through Mindfulness, Satya House*, Hardwick, MA, 2005.

Rossy, L. *The Mindfulness-Based Eating Solution: Proven Strategies to End Overeating, Satisfy Your Hunger, and Savor Your Life*, New Harbinger, Oakland, CA, 2016.

Segal, Z. V., Williams, J.M.G., and Teasdale, J. D. *Mindfulness-Based Cognitive Therapy for Depression: A New Approach to Preventing Relapse*, Guilford, NY, 2002.

Silverton, S. *The Mindfulness Breakthrough: The Revolutionary Approach to Dealing with Stress, Anxiety, and Depression*, Watkins, London, UK, 2012.

Smalley, S. L. and Winston, D. *Fully Present: The Science, Art, and Practice of Mindfulness*, DaCapo, Philadelphia, PA, 2010.

Tolle, E. *The Power of Now*, New World Library, Novato, CA, 1999.

Vo, D. X. *The Mindful Teen: Powerful Skills to Help You Handle Stress One Moment at a Time*, New Harbinger, Oakland, Ca., 2015.

Wallace, B. A. *Tibetan Buddhism from the Ground Up*, Wisdom, Somerville, MA, 1993.

Williams, A. K., Owens, R., and Syedullah, J. *Radical Dharma: Talking Race, Love, and Liberation*, North Atlantic Books, Berkeley, 2016.

Williams, J.M.G., Teasdale, J. D., Segal, Z. V., and Kabat-Zinn, J. *The Mindful Way Through Depression: Freeing Yourself from Chronic Unhappiness*, Guilford, NY, 2007.

Williams, M. and Kabat-Zinn, J. (eds.). *Mindfulness: Diverse Perspectives on Its Meaning, Origins, and Applications*, Routledge, Abingdon, UK, 2013.

Williams, M., and Penman, D. *Mindfulness: An Eight-Week Plan for Finding Peace in a Frantic World*, Rodale, 2012.

Williams, M., Fennell, M., Barnhofeer, T., Crane, R., and Silverton, S. *Mindfulness and the Transformation of Despair: Working with People at Risk of Suicide*, Guilford, New York, 2015.

Wright, R. *Why Buddhism Is True: The Science and Philosophy of Meditation and Enlightenment*, Simon & Schuster, 2018.

Yang, L. *Awakening Together: The Spiritual Practice of Inclusivity and Community*, Wisdom, Somerville, MA, 2017.

疗愈

Doidge, N. *The Brain's Way of Healing: Remarkable Discoveries and Recoveries from the Frontiers of Neuroplasticity*, Penguin Random House, 2016.

Halpern, S. *The Etiquette of Illness: What to Say When You Can't Find the Words*, Bloomsbury, New York, 2004.

Lazare, A. *On Apology*, Oxford, New York, 2004.

Lerner, M. *Choices in Healing: Integrating the Best of Conventional and Complementary Approaches to Cancer*, MIT Press, Cambridge, MA, 1994.

Meili, T. *I Am the Central Park Jogger*, Scribner, New York, 2003.

Moyers, B. *Healing and the Mind*, Doubleday, New York, 1993.

Ornish, D. *Love and Survival: The Scientific Basis for the Healing Power of Intimacy*, HaperCollins, New York, 1998.

Remen, R. *Kitchen Table Wisdom: Stories that Heal*, Riverhead, New York, 1997.

Siegel, D. *The Mindful Brain: Reflection and Attunement in the Cultivation of Well-Being*, W.W. Norton, New York, 2007.

Simmons, P. *Learning to Fall: The Blessings of an Imperfect Life*, Bantam, New York, 2002.

Tarrant, J. *The Light Inside the Dark: Zen, Soul, and the Spiritual Life*, HarperCollins, New York, 1998.

Van der Kolk, B. *The Body Keeps the Score: Brain, Mind, and Body in the Healing of Trauma*, Penguin Random House, New York, 2014.

诗歌

Bly, R. *The Soul Is Here for Its Own Joy*, Ecco, Hopewell, NJ, 1995.

Eliot, T. S. *Four Quartets*, Harcourt Brace, New York, 1943, 1977.

Lao-Tzu, *Tao Te Ching* (Stephen Mitchell, transl.), HarperCollins, New York, 1988.

Mitchell, S. *The Enlightened Heart*, Harper & Row, New York, 1989.

Oliver, M. *New and Selected Poems*, Beacon, Boston, 1992.

Tanahashi, K., and Levitt, P. *The Complete Cold Mountain: Poems of the Legendary Hermit Hanshan*. Shambhala, Boulder, CO, 2018.

Whyte, D. *The Heart Aroused: Poetry and the Preservation of the Soul in Corporate America*, Doubleday, New York, 1994.

其他相关的书，一些已在书中提及

Abram, D. *The Spell of the Sensuous*, Vintage, New York, 1996.

Ackerman, D. *A Natural History of the Senses*, Vintage, New York, 1990.

Bohm, D. *Wholeness and the Implicate Order*, Routledge and Kegan Paul, London, 1980.

Bryson, B. *A Short History of Nearly Everything*, Broadway, New York, 2003.

Davidson, R. J., and Begley, S. *The Emotional Life of Your Brain*, Hudson St. Press, New York, 2012.

Glassman, B. *Bearing Witness: A Zen Master's Lessons in Making Peace*, Bell Tower, New York, 1998.

Greene, B. *The Elegant Universe*, Norton, New York, 1999.

Harari, Y. N. *Sapiens: A Brief History of Humankind*, HarperCollins, New York, 2015.

Hillman, J. *The Soul's Code: In Search of Character and Calling*, Random House, New York, 1996.

Karr-Morse, R., and Wiley, M. S. *Ghosts from the Nursery: Tracing the Roots of Violence*, Atlantic Monthly Press, New York, 1997.

Katie, B., and Mitchell, S. *A Mind at Home with Itself*, HarperCollins, New York, 2017.

Kazanjian, V. H., and Laurence, P. L. (eds.). *Education as Transformation*, Peter Lang, New York, 2000.

Kurzweil, R. *The Age of Spiritual Machines*, Viking, New York, 1999.

Luke, H. *Old Age: Journey into Simplicity*, Parabola, New York, 1987.

Montague, A. *Touching: The Human Significance of the Skin*, Harper & Row, New York, 1978.

Palmer, P. *The Courage to Teach: Exploring the Inner Landscape of a Teacher's Life*, Jossey-Bass, San Francisco, 1998.

Pinker, S. *The Better Angels of Our Nature: Why Violence Has Declined*, Penguin Random House, New York, 2012.

Pinker, S. *Enlightenment Now: The Case for Reason, Science, Humanism, and Progress*, Viking, New York, 2018.

Pinker, S. *How the Mind Works*, Norton, New York, 1997.

Ravel, J.-F. and Ricard, M. *The Monk and the Philosopher: A Father and Son Discuss the Meaning of Life*, Schocken, New York, 1998.

Ricard, M. *Altruism: The Power of Compassion to Change Yourself and the World*, Little Brown, New York, 2013.

Ryan, T. *A Mindful Nation: How a Simple Practice Can Help Us Reduce Stress, Improve Performance, and Recapture the American Spirit*, Hay House, New York, 2012.

Sachs, J. D. *The Price of Civilization: Reawakening American Virtue and Prosperity*, Random House, New York, 2011.

Sachs, O. *The Man Who Mistook His Wife for a Hat*, Touchstone, New York, 1970.

Sachs, O. *The River of Consciousness*, Knopf, New York, 2017.

Sapolsky, R. *Behave: The Biology of Humans at Our Best and Worst*, Penguin Random House, New York, 2017.

Scarry, E. *Dreaming by the Book*, Farrar, Straus & Giroux, New York, 1999.

Schwartz, J. M. and Begley, S. *The Mind and the Brain: Neuroplasticity and the Power of Mental Force*, HarperCollins, New York, 2002.

/ 相关阅读

Singh, S. *Fermat's Enigma*, Anchor, New York, 1997.

Tanahashi, K. *The Heart Sutra: A Comprehensive Guide to the Classic of Mahayana Buddhism*, Shambhala, Boulder, CO, 2016.

Tegmark, M. *Life 3.0: Being Human in the Age of Artificial Intelligence*, Knopf, New York, 2017.

Tegmark, M. *The Mathematical Universe: My Quest for the Ultimate Nature of Reality*, Knopf, New York, 2014.

祝愿，你的正念修习持续成长，繁花盛开，每时每刻滋养你的生命、健康、工作，以及你在这个世界上的使命。

祝愿，无论悲喜，世界的美好都将拥你入怀，提醒你叩问自己究竟是谁，提醒你叩问自己在有机会的时候，最值得你呵护和培育的是什么。

祝愿你徜徉在美好之中。祝愿，你意识到你已经身处美好，且一向如是。

作者简介

乔恩·卡巴金（Jon Kabat-Zinn），博士，享誉全球的正念大师、"正念减压疗法"创始人、科学家和作家。马萨诸塞大学医学院医学名誉教授，创立了正念减压（Mindfulness-Based Stress Reduction,简称MBSR）课程、减压门诊以及医学、保健和社会正念中心。

卡巴金在诺贝尔奖得主萨尔瓦多·卢瑞亚的指导下，于1971年获得麻省理工学院分子生物学博士学位。他的研究生涯专注于身心相互作用的疗愈力量，以及正念冥想训练在慢性疼痛和压力相关疾病的患者身上的临床应用。卡巴金博士的工作促进了正念运动在全世界的发展，使正念得以融入主流社会和其他不同领域与机构，诸如医学、心理学、保健、职业体育、学校、企业、监狱等。现在世界各地的医院和医疗中心都有正念干预和正念减压课程的临床应用。

卡巴金博士因其在正念和身心健康方面的卓越成就，屡获殊荣：1998年，获得加利福尼亚旧金山太平洋医疗中心健康与康复研究所的"艺术、科学和心灵治疗奖"；2001年，因在整合医学领域的开创性工作获得加利福尼亚州拉霍亚斯克里普斯中心的"第二届年度开拓者奖"；2005年，获得行为与认知疗法协会的"杰出朋友奖"；2007年，获得布拉维慈善整合医学合作整合医学开拓者先锋奖；2008年，获得意大利都灵大学认知科学中心的"思维与脑奖"；2010年，获得禅学促进协会的"西方社会采纳佛学先锋奖"。